# POR AMOR
# A MIS
# CENIZAS

**Por amor a mis cenizas**
Lourdes Galíndez

1.ª edición

**Editorial Hojas del Sur S.A.**
Albarellos 3016
Buenos Aires, C1419FSU, Argentina
e-mail: info@hojasdelsur.com
**www.hojasdelsur.com**

ISBN  978-631-6631-32-9

Dirección editorial: Andrés Mego
Diseño de interior: Arte Hojas del Sur
Diseño de portada: Noelia Pepe

Galindez, Lourdes
    Por amor a mis cenizas / Lourdes Galindez. - 1a ed. - Ciudad Autónoma de
Buenos Aires : Hojas del Sur, 2025.
    224 p. ; 23 x 15 cm.
    ISBN 978-631-6631-32-9
    1. Autoayuda. I. Título.
    CDD 158.1

©2025 Editorial Hojas del Sur S.A.

# POR AMOR A MIS CENIZAS

## BeibiVenus

**HOJAS DEL SUR**

Buenos Aires

www.hojasdelsur.com

# Por amor a mis cenizas encontré la vida a través de mi muerte.

Estaba volviendo a mi casa escuchando música, me cayó un ramito de flores del cielo, o de algún balcón. Me cayeron lágrimas. No puedo creer dónde estoy. Después de tanto tiempo tan apagada, tan triste, tan desesperanzada. En un momento quise que mi vida terminara y hoy lloro por lo buena que es la vida.

El camino hasta acá fue duro.

Muchas veces quise abandonar. Pero fue posible trascender las oscuridades de mi interior y estoy acá para contarte cómo transicioné y todo lo que aprendí estando del otro lado del puente.

Vení, te espero de este lado.

Llegó un momento en el que la oscuridad me sobrepasó. La oscuridad mental, emocional, visual.

La sensación de soledad, a pesar de que lo tenía todo para sentirla, o al menos así parecía.

Para mí, la oscuridad es un estado constante de vivir; tiene que ver con no encontrarle sentido a la vida, caminar por ahí sin un rumbo claro.

El despertarte todos los días sin comprender el por qué. No saber qué es lo que estaba haciendo acá en la Tierra. Arrastrar un vacío interior que se hace cada vez más grande.

Me sentía desastrosa. Sentía que nadie me quería, que la vida era despertarme, estudiar, trabajar y dormir. Nada tenía sentido.

No sé si estaba triste, creo que ya había pasado el puente de la tristeza. Era un estado bajo de vida. Oscuro, sin mucha emoción. A veces tenía períodos emocionales muy oscuros, a veces estaba más estable. Pero nada parecía remontar la pesadez que venía acumulando mes a mes.

No sé si alguna vez te pasó, pero, ¿viste cuando querés tirar la toalla de la vida? Así me sentía.

Quizás no a todo el mundo le pasa, pero si a vos te pasa, estoy con vos.

No estoy escribiendo esto para contarte mis miserias. Te voy a contar un poco de eso, claro. Pero estoy acá más que nada para mostrarte el proceso interno que yo atravesé para transicionar de un lugar oscuro a uno más luminoso.

No tenés que ser buddha ni tenés que haber atravesado la historia del año para estar pasando por esto. A cualquier persona, en cualquier circunstancia de vida, le puede tocar vivir y sentirse así.

Te voy a contar un poco de lo que atravesé y todo lo que aprendí al llegar al otro lado. Aunque el camino de vuelta a casa (o sea, al corazón) es de toda la vida; esta es la puerta al camino infinito de vuelta a casa.

Yo soy como vos.

O quizás no, pero algo nos une. Estás acá leyéndome. No es casualidad.

Se podría decir que soy una chica común y corriente, con problemas típicos, algunos no tan típicos, con esta historia de oscuridad.

Quizás mi historia resuena con vos, quizás lo que sentí, o lo que atravesé, o el simple hecho de estar en búsqueda de una vida en armonía.

Te voy a ir mostrando cómo fui encontrando el hogar dentro de mí, y la luz que no sabía que estaba ahí, a pesar de todas las situaciones que sentí devastaron mi corazón. Al final, te voy a compartir todos los aprendizajes que obtuve en este camino.

Podés saltearte esta parte e ir directo para allá, o podés navegar estas penumbras hasta llegar a la luz al final del túnel.

Estoy acá para contarte cómo usé todo lo que viví para acercarme al amor, a la expansión de mi mundo interno, a mi poder personal, cómo usé todo para pasar de un estado interno muy pobre y débil a uno que me permite navegar la vida humana con más fuerza.

No sé si estoy donde debería estar, aunque no creo en los "deberes", pero sí sé que atravesé una transformación tremenda y quiero compartirtela.

Aunque tu realidad sea un caos, aunque tu mente sea un lugar inhabitable, aunque tengas emociones que se sientan como una tormenta, quiero que sepas que existe un hogar dentro tuyo; un hogar silencioso, infinito, lleno de amor, al que podés recurrir cuando quieras y al que podés acceder en tu vida cotidiana.

Quiero que sepas que en este momento la transformación es posible en tu vida. Aunque tu realidad hoy te repugne, vas a ver como vas a aprender a transformarla, sin negarla, en un espacio habitable para vos.

Ya está disponible para vos. Es cuestión de limpiar el camino para acceder a ese lugar. Ese lugar dentro tuyo está presente en todo momento, en cada momento de la vida cotidiana, y si lo encendés, podés llevarlo hasta lo más mundano.

Siento que podría hablar de mil cosas, pero me parece indispensable compartirte mi proceso de cómo pasé de la debilidad, a encontrar los pilares básicos del poder personal (desde mi perspectiva). No importa dónde estés en este momento, te invito a explorar este camino conmigo. El pasar de la debilidad, de la oscuridad, a dar unos pasitos hacia la luz y el poder interno.

*Confiá en que el mundo es perfecto. Estás donde tenés que estar. Sos quien tenés que ser. Todo está sucediendo como tiene que suceder. Hasta las oscuridades más profundas de tu ser son bienvenidas en este momento. Son parte del todo.*

**Todo en tu existencia tiene una razón de ser.**

Antes de arrancar, quiero dejar esta semillita con vos: el mundo es muy perfecto como para no tener un propósito. Nada existe por casualidad. Todo lo que está siendo, viviendo, en este instante, co-creando una red inmensa de seres habitando un planeta mágico, es perfecto.

Todo.

Vos, yo, la obra en construcción que escuchás afuera de tu casa, los bocinazos de la ciudad, la mesa puesta para cenar, la conversación que tenés con tu ser querido por teléfono.

Todo es absolutamente perfecto y todo está en el lugar y momento, que debería estar. Si no, no estaría sucediendo, ni siendo, de esa manera. La divinidad, el universo, tiene una inteligencia masiva, muchísimo más allá de lo que nuestra mente puede comprender y es la fe la que hace la magia en la Tierra.

Hasta toda esa oscuridad, ese malestar, ese sin sentido, esa nube mental; todo eso no es casualidad, si no que tiene un propósito en tu vida. Lo importante es abrirse a que hay otra posibilidad más que una condena a una vida terrible, como muchas veces creemos. Lo que hacemos con eso determina todo.

Mucho de nuestro malestar proviene de no comprender que nada es casualidad, y que todo se está dando de la manera que se debería dar. Seguro vos lo harías distinto, o desearías no ser vos. Estuve ahí. Puede no tener sentido leer todo esto que te estoy compartiendo, pero más adelante vas a ver cómo todo, absolutamente todo, en tu vida se desenvolvió de la manera más adecuada para que vos vuelvas al hogar dentro tuyo y te abras al amor que está disponible para vos.

Cuando nos enredamos con nuestros pensamientos, con las emociones desagradables, con las trabas de la cotidianidad, con los *por qué a mí* constantes, nos olvidamos de esta verdad. Es más, seguramente leés el párrafo anterior en un mal día, dónde todo sale mal, y decís: ¿qué me importa todo esto si no logro sentirme bien con mi vida? Es válido. Y también es válido comenzar a construir el túnel de vuelta a casa, a donde podes ir cada vez que la vida sea un montón, ese lugar donde no necesitás wifi para conectarte. Porque es momento de hacerlo. Ya no da para más seguir viviendo una vida en la que no podemos relajarnos y confiar.

Todo esto lo aprendí después de haber navegado las oscuridades que existen en el mundo humano y se encuentran en la vida cotidiana. Nada terrible tiene que suceder en tu realidad para que experimentes esto. A veces la mente se vuelve enemiga, a veces las experiencias más sutiles nos marcan fuerte, y a veces sí suceden cosas fuertes que nos empujan a un agujero negro.

Sea cual sea la que vivas, sin nuestras experiencias oscuras, no tendríamos cómo buscar y reconocer nuestro corazón, nuestro hogar, la divinidad, la luz, que ilumina tu vida si estás dispuesto a darle el lugar que tiene. La oscuridad viene solamente para mostrarte el camino hacia la luz. Que vos estés acá, leyéndome a mí, y yo, narrándote mi historia a la par, no es casualidad.

Todo esto que te voy a contar no es una receta de vida, sino que es mi historia personal que me hubiese gustado tener una guía en su momento, y te invito a navegar conmigo en este camino.

Llega un momento en el que te hartás de seguir caminando en la sombra, el piloto automático te deja de servir, y te cansás de seguir viviendo una vida que no te inspira, que no te permite brillar. Llega un momento en el que tu corazón anhela volver a su hogar. Su hogar no es un lugar físico, ni una persona, ni un momento; es un estado de paz que está en tu interior. Vamos a encontrar eso.

*Antes de despertar a la divinidad, al amor, a la bella esencia de
la vida, vas a atravesar una etapa de ceguera, inconsciencia,
dolor. Es parte del proceso auténtico que te toca vivir antes de
abrir el portal al amor. Esta etapa es dolorosa, puede ser violenta,
fuerte. La vida te va a sacudir hasta tu máxima capacidad
de tolerancia para empujarte al despertar de la verdad.*

*La verdad es todo aquello que vive en el amor.*

**Los caminos difíciles conducen a destinos hermosos.**

Según lo que observé estos años, la vida de una persona a la que le toca despertar a la verdad: al amor, a la divinidad, a la fuerza de vida, pasa por tres etapas.

La primera etapa es vivir en la inconsciencia, en la superficialidad, en desconexión del amor y de la divinidad que sostiene todo lo que es. Es creerte la verdad de lo que vivís, sin cuestionarte la posibilidad de que eso sea distinto. Es vivir en piloto automático, sin verdaderamente ser consciente de lo que estás viviendo. Es creer que realmente todo es como lo percibís, pero si lo que percibís no te sirve, no te da paz, no te ayuda a crecer, no es una percepción amorosa, por ende no puede ser verdad.

Es creer que tus emociones desagradables son reales y determinan tu vida, es creer que no tenés ningún tipo de poder ni influencia sobre tu realidad, es creer que tu historia te condena para siempre, es creer que tu valor lo determina la sociedad, es creer que tenés que vivir como el resto para ser feliz, es creer las cosas horribles que te dice tu mente. Es tener como verdad a todo aquello que te aleja cada vez más de vivir una vida plena y de bienestar.

Por lo menos a mí me tocó vivirlo así.

Hay personas que nunca salen de esta etapa, y tampoco está mal esto. Pero si te pasa, te va a tocar entrar a un camino de gran transformación, que vale el trabajo que tenemos por delante.

En esta primera etapa te dejás llevar por la masa. Llevás creencias de tus ancestros, heridas de la infancia lideran tu vida, tus miedos te mantienen en un mismo estado. Vivís, pensás, actuás, como el resto. Repetís lo que escuchás. Seguís las modas, seguís un camino pre calculado que te llevará al "éxito", consumís lo que consumen los que te rodean, estás separado del otro, vivís en división, en una fuerte sensación de pertenencia de cultura, partidos políticos, equipos de fútbol, religión. No está mal, para nada. Es parte de la vida humana.

En esta primera etapa creés que lo que ves es todo lo que hay, que nada va más allá de este mundo humano, y que lo que se establece como verdad es la verdad absoluta.

Te sumergís tanto en la ilusión de la vida cotidiana que, sin darle lugar al amor, terminás en una calle sin salida.

Podés vivir dentro de la ilusión sin mucho problema, claro. El "problema" es cuando vivís una ilusión que te empuja al malestar, al miedo, a la oscuridad y todo lo que eso implica. Esto sucede cuando permitimos que la ilusión nos perfore el corazón. Cuando vivís una realidad, a causa de estar en piloto automático, que no honra la vida que llevás por dentro.

En muchas ocasiones, podemos pensar que no hay salida, pero es porque estamos muy sumergidos en esta película. Es una película donde somos víctimas del mundo y de lo que nos pasó, lo que nos pasa. Pero te juro que la salida está al alcance de tus manos. Está ahí, esperando que abras la puerta, que no vas a abrir hasta que no llegues al punto donde no te queda otra que abrirle la puerta al amor, a la magia, a la fe.

Si estás leyendo esto, quizás tu momento sea ahora.

Quizás sea ahora el momento de renunciar a esa película que te está impidiendo realmente VIVIR. No me importa qué te pasó, qué te hicieron, qué te dijeron, qué hiciste, qué te está pasando, ¡¡¡¡merecés estar bien!!!! Punto final. Es tu derecho como ser humano: estar en paz, conectar con el amor, amarte.

¿Estás dispuesto a soltar la película que tanto alimentás día a día?

La segunda etapa, cuando le abrís la puerta al amor, es como una entrega en manos del universo después de haber muerto en el vacío. Como te contaba, la vida te empuja a abrir la puerta cuando ya no das más. Ahí te entregás a la vida, saltás a un vacío.

No entendés nada de la vida, solamente entendés que no podés seguir sosteniendo tanto malestar que es un síntoma de vivir sin consciencia. Esta etapa es como un limbo. Abandonaste tu vida anterior pero no sabés para dónde ir. Pueden ser años de sentirse perdido, pero en realidad todo se está acomodando. Estás como desconectado de la vida. Como cuando el wifi anda mal, desconectás el router. Vos sos el router, tomandote una larga pausa antes de volver a conectar. El router necesita descansar, re acomodar un par de cables internos.

Finalmente, en la tercera etapa ves amor en todo lo mundano, ves magia hasta en lo más gris, ves colores donde antes había blanco y negro, sentís plenitud en los lugares donde antes sentías vacío, sentís unidad donde antes sentías división. Hay paz donde antes había inestabilidad.

A ver, tampoco te convertís en buddha jajaja.

Pero amoldás tu persona a una armonía que cuidás a diario, porque ya aprendiste lo que es vivir en falta de armonía.

Aprendés a traer consciencia a tu vida cotidiana, y la consciencia es el canal por el cual el amor puede entrar a tu realidad.

Nada realmente cambia, de una etapa a la otra, pero todo cambia.

El mundo sigue igual, pero vos tenés una chispa interna que ilumina cada paso que das. Esa es la belleza de hacerle lugar al amor, a la paz, en tu vida. Te invita a llevar una perspectiva inmensa a todo lugar, a toda situación, a todo encuentro que tengas.

Cuando hablo de amor y paz, quizás te imagines a los hippies en Woodstock de los 60. Pero en realidad me refiero a vivir la vida humana, en el boliche, con tus amigas de viaje, conociendo a un chongo, laburando en una oficina, lo que sea, sin esa energía que te drena: siendo CONSCIENTE y anclada a tu eje.

Sin arrastrar valijas de peso emocional, de malviajes mentales constantes. El amor y paz lo podés llevar a toda área de tu vida siempre y cuando estés dispuesta a abandonar el peso injusto que hoy sentís que tenés que llevar a todos lados. Siempre y cuando estés dispuesta a ver tu vida de otra manera.

No es fácil, pero lo vale.

Es un proceso, es tu proceso. Así que a navegarlo con paciencia y más que nada, apertura. Apertura a que tu realidad PUEDE ser diferente y va a ser diferente.

Ya estás acá.

Yo, la mayor parte de mi vida hasta el día de hoy, la pasé en la inconsciencia, en la sombra, a oscuras, lejos de conocer el amor, la divinidad, el universo.

Antes de contarte cómo conocí la luz, debo contarte cómo conocí la oscuridad.

PRIMERA ETAPA

# LA OSCURIDAD:
## Vivir en la inconsciencia

# 3

*Tu historia de vida es un mapa 100% original que
te lleva por todos los caminos, rutas, ríos, necesarios
para incorporar aprendizajes de valor. Cuando integrás
tu historia, obtenés herramientas únicas para vos.
No importa qué tan fuerte o blanda sea, integrar tu
historia contiene la llave a la transformación.*

**Mi historia es mi fuerza de hoy.**

Mi historia de vida es algo que todavía me cuesta contar.

La metáfora en sí, o la ilusión de la oscuridad que me tocó vivir, no refleja la marea violenta que experimenté internamente. Eso me avergonzó mucho tiempo: ¿cómo iba a tener el tupé de destruirme tanto cuando nada realmente fue tan grave?

Vale aclarar que como yo sentí que viví todos los acontecimientos se sintió como un huracán.

Era la vocecita criticona que tenía por dentro. La vocecita que no me permitía experimentar plenamente lo que me tocó experimentar. Toda la vida me llamaron "dramática", que antes lo tomaba como un insulto. Pero hoy en día me doy cuenta de que sí lo soy, porque todo lo siento hasta los huesos. Por eso sostengo que cada historia, especialmente estas historias que nos empujan al portal del amor, es exactamente lo que cada persona puede soportar para navegar el camino hacia la liberación.

Cada persona tiene su propia narrativa que la lleva por un camino interno personal y cada camino merece su respeto.

Quiero contarte mi historia para que me conozcas, para que sepas que estoy acá con vos. A pesar de tener historias distintas, podemos unirnos a través del poder de la autenticidad de la historia; eso que pinta la base de lo que es la transformación de nuestro ser. Eso que nos lleva al borde del precipicio y nos enseña a volar.

Al principio de todo este camino, arrastraba mi historia como si fuese una valija pesada. Soñaba con dejarla en un costado, borrarla, hacer como si nada hubiera sucedido. No porque me pareciera objetivamente rara, ni mala, sino que las sensaciones que me traía eran feas, eran de malestar. Hasta me avergonzaba sentirme tan mal. Consideraba que no era una historia normal, que era difícil de entender. No era la típica historia de las personas que me rodeaban. Cuando me preguntan sobre mi historia, no sé qué contestar. ¿Por dónde empiezo?, pienso. No sé ni por dónde arrancar. Todo fue tan complejo, tan único, tan distinto. A veces soñaba con tener una historia trágica, que justificara todo lo que viví por dentro. Después me di cuenta de que algo es trágico según quién lo viva y cómo lo viva. Así que te voy a contar.

No es tanto lo que viviste, si no cómo procesaste eso que viviste. Tu historia es válida. Tu sentir es válido.

Como dije antes, para conocer la luz, tuve que conocer la oscuridad. Pero, ¿cómo iba a reconstruir mi vida sin antes integrar lo que me formó? ¿Cómo pretendía avanzar en mi vida genuinamente y a la vez dejar una parte enorme mía (mi historia) abandonada, rechazada? ¿Cómo me iba a dar vergüenza admitir lo mal que la pasé?

Siempre se puede hacer el famoso "borrón y cuenta nueva", pero con temas tan profundos como tus experiencias de vida, el borrón y cuenta nueva nunca es realmente cierto. Lo que no integrás y aceptás vuelve a buscarte en algún momento u otro. Lo que aceptás e integrás, podés transformarlo y hacer que esa valija no sea tan pesada, si no que la convertís en una valija con energía de poder.

No es fácil aceptar y abrazar nuestras historias. Seamos sinceros, son densas. Digo que son densas porque una historia liviana no te lleva a replantearte tu existencia entera.

> "Sólo yo puedo juzgarme. Yo sé mi pasado, yo sé el motivo de mis opciones, yo sé lo que tengo dentro. Yo sé cuánto he sufrido, yo sé lo que es ser fuerte y frágil, yo y nadie más".
> *Oscar Wilde*

Te cuento un poco de lo que me llevó acercó mi quiebre:

*Desde una temprana edad, me sentí fuera de lugar. Desde muy chica me sentí adulta y todo lo sentí muy intensamente. Recuerdo ver a mis compañeros de jardín como nenes, y yo me sentía aproximadamente de 8 años a los 5.*

*Considero que esto fue un factor importante a la hora de atravesar mi historia, mis vivencias. Hasta el día de hoy, todo lo recuerdo como si hubiese sido adulta a los 10 años.*

*Cuando mis padres se divorciaron, a mis 7 años, y me mudé a un país desconocido (Estados Unidos) sin saber que esto implicaría una ruptura familiar, empecé a perder la fe en la vida, la confianza en la vida, y comencé a "madurar" rápidamente.*

*Mi núcleo seguro se había roto por completo y pronto me encontré en una nueva tierra. ¿Cómo iba a confiar si mi núcleo se rompió sin recibir ningún tipo de explicación?*

*Me acuerdo cuando nos contaron (a mi hermana y a mí) que nos mudaríamos a Estados Unidos, sin realmente captar la idea de que mi papá no nos acompañaría y que esto implicaría un shock muy fuerte.*

*En el colegio me sentí un extraterrestre inmediatamente, al no saber el idioma y ser la burla de mis compañeros: pasé de ser una alumna 10, a no entender el idioma básico.*

*Recuerdo estar en la fila para almorzar y que me señalen diciéndome "weird", yo no sabía que significaba pero después lo averigüé. En los recreos me decían que no servía para nada, porque yo no entendía cómo se jugaba allá; "c'mon Luli (me decían Luli), you're useless". Y yo realmente no entendía cómo jugaban, cómo se comunicaban, cómo vivían. Solo sabía que no estaba en Retiro, en mi casa, con mi familia, con mis amigas.*

*Deseaba volver a mi vida "perfecta", estable. Odié el estado de Virginia y toda su cultura. Casas todas iguales, gente careta, padres intentando fingir una familia normal, reglas absurdas, costumbres ridículas como irse a dormir a las 20 hs.*

*A pesar de tener 8 años, era muy consciente del shock cultural que me generó todo esto y lo ajeno que era para mí— nunca se me fue del todo. Mi hermana se adaptó bien, pero yo desarrollé un odio por esa cultura que hasta el día de hoy sigo intentando sanar. Significó para mí pasar de ser una chica normal a una chica rara. Significó para mí sentirme completa a sentirme totalmente rota.*

*Eso me quedó de por vida.*

*Y hay veces que siento que esa decisión me arruinó .*

*A papá lo volví a ver un tiempo después cuando me pasó a buscar por el colegio en su auto alquilado de Hertz. Me inundaba la vergüenza y la ira. ¿Cómo llegamos hasta acá? ¿Cómo pasamos de ser padre e hija que iban los findes a jugar al club a que me pase a buscar meses después de no verme en una tierra desconocida, horrible y deprimente, haciendo como si nada?*

*¿Alguien podía hablar de lo rotos que estuvimos todos de corazon? Yo sentía incomodidad al ver que todos fingen demencia. ¿Nadie podía hablar de lo que estaba sucediendo? Quería recuperar a mi familia. Mi hogar. Mi vida. Pero no, mamá tenía que trabajar todo el día y pasé eternas tardes sola. Estaba mi hermana, pero éramos desconocidas.*

*Nunca me sentí en casa. Nunca supe cuál era mi hogar. No podía dividirme en dos, para estar con mamá y con papá, por eso desde chica tuve que elegir bandos. La culpa que nació al elegir uno y dejar al otro de lado la arrastro hasta el día de hoy.*

*Cuando papá nos visitaba, tomaba su bando, y dejaba a mamá de lado. Me daba culpa. Ellos no se llevaban bien. Después, volvía al bando de mamá. Dejé de disfrutar la infancia, estando alerta y pendiente de satisfacerlos, e intentando encajar constantemente, de colegio en colegio. Estaba atenta a cada paso para portarme bien para todos.*

*Por suerte aprendí a hablar el idioma y a más o menos manejarme en esa cultura; pero mis ganas de volver a mi vida anterior no cesaban nunca. Recuerdo que era muy religiosa, y todas las noches rezaba rosarios enteros (sí, un montón) pidiéndole por favor regresar a Argentina; era mi pedacito de felicidad y dentro de mí había esperanzas de recuperar la estabilidad que antes tenía.*

*A los 10 años comencé a tener insomnio; era tanto por el estado de alerta (estar pendiente de todos en la familia) y por estar controlando cada paso y palabra porque no podía volver a ser la chica rara, fingir demencia en una situación de vida que era evidentemente muy incómoda, que no solo se me fue el disfrute, sino que la relajación también.*

*Pasé años sin relajarme. Fui rotando entre los dos países varias veces en búsqueda de mi hogar;de Argentina a Estados Unidos cada dos o tres años. En el colegio, en Argentina, era la pobrecita porque su mamá la había dejado de lado, no sé si era en burla o no, pero recuerdo ser el centro de atención en el campo de deportes: me señalaban y decían "pobrecita ella que no tiene mamá" y yo me quedaba helada al no saber cómo defender a mi familia y nuestra situación particular. Fue decepcionante para mí al menstruar por primera vez a solas (claro que me iba a pasar esto en su ausencia, ¡aprendizaje!), no recibir a mis amigas con mi mamá esperándonos con una torta como ellas hacían, y somatizando en el cuerpo todo el dolor que llevaba por dentro.*

*Ni hablar que en esos momentos papá no estaba bien económicamente y tuvimos que mudarnos con los abuelos. En mi colegio eran todas personas de plata, y yo dormía en* un cuarto que tenía la pintura salida y en realidad no era un dormitorio, sino que un escritorio. Cuando estaba en el bando de mi papá, a mis compañeras les resultaba rarísimo que mi papá sea como mi mamá. Una vez más, siendo la "weird", la rara. Imaginate, en un colegio mega tradicional.

Ya a esta altura todo me costaba el doble, no dormía, entonces llegaba al colegio agotada. Mi cabeza no funcionaba para rendir bien, ni estudiar. La vida pesaba un montón. En sexto grado empecé a tener fuertes dolores en el pecho y la espalda al respirar. Los médicos decían que no tenía nada, pero literalmente hasta respirar me dolía sin un ibuprofeno. Me tenía que ir de emergencia a la guardia por no poder respirar, pero no tenía nada. Algo evidentemente no estaba bien, y al volver una vez más a vivir con mi mamá, pude volver a respirar.

Afortunadamente, a mis 13 años, mi mamá se casó con quien se convertiría en mi mejor amigo: Manuel. Pude por unos años tener una vida en familia en Virginia, como la que tanto soñaba. Teníamos un perro, cenábamos todos juntos, íbamos a la playa, y pasábamos mucho tiempo de calidad. Fui feliz.

Pero años después, él falleció y el núcleo familiar se desmoronó nuevamente. Tuvimos que relocalizarnos.

Ya considerándome una mujer, o al menos así me sentía, regresé a Buenos Aires. Me empecé a maltratar física y emocionalmente, ya para los 16 años iba para abajo mi vida. Arrastré por mucho tiempo esta sensación de ser la rara, la rota, la que está en dolor constante. Y el dolor era constante. Me odiaba. Odiaba quien era, mi apariencia, como hablaba, como era mi vida; odiaba todo de mí. Creí que una solución sería modificar mi cuerpo, intentar construir *la aceptación y la pertenencia en mi adultez; todos los fantasmas de aquellos momentos me persiguieron de vuelta a Argentina. Claro que iba a arrastrar este deseo de sentirme bien, pertenecida, normal, a mi adultez.*

*La oscuridad se intensificó con una relación profundamente destructiva, aniquilando las amistades que había logrado construir y mi confianza, que era lo único que en ese momento era como mi base.*

*La oscuridad se apoderó a través de mala junta, consumo de sustancias, depresiones, ansiedades, clonazepam como mejor amigo.*

*Con 19 años me fui del país, en malos términos con mi estructura familiar y peor con lo social, solo para encontrarme con mis demonios magnificados.*

*A los 20 caí fuerte y empecé a renacer años después.*

*Acá estoy. En pleno proceso de renacer.*

*Una típica historia adolescente que desembocó en encontrarme con el amor en vida.*

Este es un muy breve resumen de los hechos que viví. Pero lo relevante es lo que sentí, que se volvió tan denso, que un día toqué fondo.

Muchos años sentí que no había lugar para mí en el mundo, que yo no iba a tener familia como tenían mis amigas, que no pertenecía a ningún lugar, nunca me sentí NORMAL, y moría por ser normal.

De hecho, hoy no sabría decirte cuál fue la habitación de mi infancia, porque tuve tantas. No entendía por qué viajaba tanto. En el aeropuerto, no sabía explicarles a los de migraciones mi vida. Era muy chica y no entendía. No entendía si mis papas me querían o no, si estaban bien ellos o no, si no me odiarían por irme con uno, dejando al otro en otro país.

Sentí y arrastré mucha culpa, hasta hace muy poco. Sentí que realmente tenía poco valor, y me tiraba abajo en cada oportunidad que tenía. No me sentía merecedora de amor, me sentía un bicho raro, no una mujer madura. La ansiedad se apoderaba de mí, y en conjunto con la culpa, era la receta desastre para un malestar emocional crónico.

Cada historia es única y perfecta.

La experiencia que tu alma eligió en esta vida para evolucionar es oro. Lo que pasa es que para evolucionar, la historia, la trama de la película, tiene que ser tan intensamente poderosa que te lleve a un lugar donde no te queda otra que entregarte en manos de la vida.

Lo que puede ser una experiencia súper densa para vos, puede ser liviana para otra persona. Depende de cada persona, lo que le toca vivir, lo que puede tolerar, y los aprendizajes que le tocan integrar. Como te dije al principio, todo tiene un propósito, y el propósito de tu historia es inmenso.

Seguramente hay cosas que viviste que te afligen, que te avergüenzan, que te hacen culpar a quienes estaban a tu cargo. Seguramente hay eventos que te decepcionan, que te hicieron perder la fé, que te destrozaron la autoestima, que te generan tanto tanto dolor, que te hacen querer esconderte debajo de las sábanas y por arte de magia comenzar una nueva vida.

También quizás haya rencor en la persona que sos hoy. Quizás lleves memorias que deseas no volver a recordar, cosas que hiciste, que dijiste, que dejaste de hacer, que te gustaría borrar. Eventos que reprimiste y tiraste debajo de la alfombra.

Todos los eventos que viviste, cada giro inesperado que sucedió en tu vida, cada quiebre, cada duelo, cada cosa que no salió como querías, hasta lo que sucedió ayer, o hace un minuto, que también forma parte de tu historia, tienen un propósito.

Te lo prometo. Nada sucede en la vida al azar.

Por más que no lo veas en este momento, todo en tu vida fue, es, y va a ser perfecto.

Perfectamente diseñado para el más alto bien, tuyo y de todos los seres en este planeta.

Sin lo que me tocó vivir, no sería quien soy hoy.

Sin lo que te tocó vivir, no estarías acá conmigo, tomando todo lo vivido y listo para transformarlo.

Sin todo lo que desafió mi bienestar, mi zona de comodidad, mi seguridad, no tendría la fuerza vulnerable que tengo hoy. Y la llamo fuerza vulnerable porque es una fuerza tan suave, tan compasiva, que viene del haber estado rota ante la vida, abierta, rendida, e igualmente con ganas de caminarla.

Observá tu vida como un gran rompecabezas. Un rompecabezas totalmente distinto al del resto, y la única forma de completarlo es integrando cada pieza que te toca vivir, no rechazándola.

Podés elegir poner la pieza en el rompecabezas con delicadeza, o desesperarte porque creés que no encaja. Cada evento de tu vida es una pieza en tu rompecabezas, que forma una hermosa y perfecta historia. Aunque hayan piezas que reprochemos, que nos generen asco y malestar, son necesarias para la completud del alma.

Si sentís que estás cargando con una experiencia densa, sabé que la transformación está disponible para vos. Sabé que todo lo que viviste y estás viviendo tienen el propósito de acercarte más al amor, a la paz, a la paciencia, a la compasión.

Tenés la capacidad de transformar todo lo que viviste, todo lo que estás viviendo, y todo lo que estás por vivir.

Sé que seguramente ni tenes ganas de abrazar tu historia. Mil cosas deben pasar por tu cabeza al leer esto: ¿cómo voy a aceptar como me criaron? ¿La falta de amor que recibí? ¿Cómo van a traer a alguien al mundo sin saber lo que es?

Tomate un tiempito para escribir algunos acontecimientos de tu historia que arrastrás al día de hoy y estás listo para liberar:

*Parte de abrazar tu historia implica perdonar a quienes eran responsables por vos y dejarlos libres de esas cadenas que solamente arrastrás vos. Empezar a verlos desde tu adultez, y no desde tu niña. Perdonarlos significa reconocerlos como los humanos que son, con sus experiencias y aprendizajes únicos. Perdonarlos te libera del dolor y te libera para poder ser quien verdaderamente naciste para ser.*

No esperes que sean perfectos, esperá que sean reales.

Dicen que elegimos nuestra historia, nuestra familia, el desenlace de la trama de la vida, antes de nacer. Dicen.

Creo que realmente es así. Aunque hoy digo, "mamita, qué estaba pensando mi alma a la hora de elegir esto?" reconozco que sin la experiencia, la familia que me tocó, yo no hubiera crecido de la forma en que crecí. Suena de fondo *what doesn't kill you makes you stronger,* de Kelly Clarkson.

Junto a esto, entendí que las personas que estaban a nuestro cargo hicieron lo que pudieron con lo que tenían en ese momento. Eso incluye sus heridas, sus miedos, sus traumas; elementos que inevitablemente afectaron la relación que tuvieron con nosotros.

Tiempo atrás, no existía el nivel de consciencia e interés hacia el conocimiento personal que existe ahora. La gente era como era y punto.

¿Te dolía algo? Lo lamento.

No había mucha iniciativa para arreglar eso. ¿Eras una mierda de persona? No había nada que se pueda hacer. Falta de consciencia. Punto.

¿Cómo vamos a esperar que una generación sin tanta exposición al mundo de la inteligencia emocional, de la evolución como ser humano (porque sigue siendo un factor dominante) sepa acompañar al otro de corazón? Lo bueno, es que podemos revertir todo eso. Ser quienes necesitábamos en ese momento.

Hoy en día, nos cuestionamos un toque más las actitudes y comportamientos de mierda. Aún así, seguimos actuando en base a nuestra propia historia; lo que nos dolió, lo que nos duele, lo que nos dejó de doler.

Sé que cuesta, ¿cómo vamos a pretender que nuestros cuidadores nos traten 100% con amor incondicional si ni conocían esa posibilidad, ni nadie les enseñó cómo trascender sus experiencias dolorosas? Más vale que iban a actuar desde su dolor, desde su miedo.

Me pasé AÑOS de mi vida culpando a mis papás. Era SU culpa que yo estaba tan deprimida, que me sentía tan sola, que mi vida estaba arruinada gracias a sus malas decisiones. Era su culpa que yo era como era: fría, mala, rara ( o al menos así me auto percibía– ya hablamos de la percepción alejada del amor, no importa que no sea verdad, porque en esta etapa oscura es verdad para vos).

Cuando entendí todo esto, verdaderamente lo entendí de corazón. Se disolvió una cadena que nos unía de manera densa y supe comenzar a construir vínculos pacíficos con ellos. Algo que me parecía inimaginable. No solo eso, sino que pude salir de un estado de debilidad y dependencia de una peli que me había creado en mi cabeza y recuperé mi VERDADERA INDEPENDENCIA.

Cuando era chica, era la tercera guerra mundial con mis padres– más que nada mi padre, con quien vivía de verdad. Yo, la rebelde. Ellos, los policías. Me escapaba, me iba a tomar vodka a los 13 a la plaza, a un campo a probar LSD apagando el celular todo el finde. Mentía, me descubrían. Me sacaban las llaves, me amenazaban con mandarme a una escuela de reforma (o militar). No comía, se enojaban. No volvía a casa, empezaban las amenazas. Yo estaba muy deprimida, pero mi depresión no era evidente. Me mostraba como una persona que simplemente quería rebelarse contra todo.

Tenía una mejor amiga, Mery, con quien fuimos a una fiesta electrónica juntas por primera vez, cuando tenía 15, y probamos el éxtasis. Recuerdo que compramos una pastilla por 120 pesos. Fue la mejor noche de mi vida y me obsesioné. Había encontrado un lugar donde la rebeldía no era rebelde, era la norma. Ese día volví a mi casa a las 7:30 AM y desayuné con mi papá; tenía las pupilas enormes y yo no entendía por qué me costaba comer la tostada. De ahí se volvió mi pasatiempos preferido de los fines de semana. No importa si estaba con fiebre, iba igual, me tomaba un par de pastillas y hacía como si nada. Y esta adicción es algo con lo que tuve que lidiar varios años después. No adicción a las sustancias en sí, si no que a toda la distracción de mi dolor.

Esto después escaló a tal punto de que una navidad, la última en realidad que pasé en Buenos Aires, mi hermana me preguntara "¿estás dura?".

Yo pensaba que nadie se había dado cuenta. Tomaba clonazepam a diario, para bajar, pero se había vuelto un hábito cuando volvía de cursar (1er año de periodismo), para apagar la vida un rato.

Después de ese tiempo me di cuenta de que la mierda que llevaba encima era mía. Me di cuenta porque nunca obtenía lo que buscaba: sentirme bien conmigo al final del día. Buscaba atención y contención. Me di cuenta de que buscaba tener eso a través de "arruinarme", pero generaba el efecto contrario. Porque nadie te va a dar lo que vos no te das a vos. Al final del día, cuando estaba sola conmigo misma, me di cuenta de que nadie iba a venir a cuidarme, que era un deber mío. Que el malestar que me generaba arruinarme de esa manera, lo tenía que remediar yo, y lo mejor era evitarlo completamente para, al final del día, estar conmigo de manera bondadosa y agradable, siendo mi propia cuidadora y siendo mi espacio seguro.

El jueguito de vengarme contra la vida no le hacía tan mal a nadie como a mí.

Claro que objetivamente ellos no tomaron las mejores decisiones, ni se abrieron al amor o a la consciencia para verme tal como lo estaba necesitando, pero no era mi responsabilidad. Mi responsabilidad fue darme cuenta de mi autoridad en mi propia vida, soltar la victimización con todo lo que "hicieron mal", y ponerme mis propios límites, cuidarme, disciplinarme.

Eso fue lo que cambió mi vida por completo.

Hoy en día reconozco que solo quería ser vista, reconocida, y que todo el dolor que cargaba lo manifestaba de forma rebelde. Ser adulta (que es algo que no tiene que ver con la edad, conozco gente de 35 años que siguen siendo niños) implica asumir la autoridad en tu vida. Empezar a trabajar con tu dolor, empezar a integrar tu historia, reconocer a tus padres por quienes son, y disciplinarte a vos misma para llegar a vivir la mejor vida que podés vivir.

> **Sanar es tu responsabilidad, aunque la herida no haya sido tu culpa.**

Hoy en día veo a mis padres con muchísimo amor. Con sus propias heridas, sus propios caminos y recorridos. Hicieron lo que pudieron y gracias a todo eso hoy estoy acá escribiendo esto. Los amo y les agradezco por haberme dado la oportunidad de estar en este mundo.

No importa cuantos años tengas, siempre vas a encontrar un motivo para culpar a tus padres. Ese resentimiento. Ese reproche. Ese odio. Esa culpa. Algo hay. Empezá a ver a tus padres como seres humanos como vos y yo, que probablemente no tuvieron acceso a las terapias y la consciencia que nosotros tenemos hoy en día. No digo que te vuelvas su terapeuta, pero en mi caso, me di cuenta de que ellos también estan aprendiendo a vivir. Que ellos también quieren sentirse en paz, bien, e hicieron todo lo que pudieron para ellos y para vos. Quizás pifiaron fuerte, hasta quizás hayas perdido el contacto. Pero tené esto en cuenta en tu corazón.

Más allá de si tu historia familiar fue "buena" o "mala", probablemente tengas algo que enseñarle a tu familia respecto a todo lo que te sucede. Por suerte estamos nosotras, las ovejas negras de la familia. Que aunque tengamos mala fama, es algo positivo en mi vida. Somos los que vemos la mierda que reside en el ADN familiar y nacimos para transformarla.

A medida que vas sanando vos, todas esas experiencias intensas que te tocó atravesar, vas sanando a tu árbol, a toda tu familia. ALTA MISIÓN TE TOCÓ. Y para esto, es clave ver a tus cuidadores desde tuadultez que esta en proceso de sanación, y no desde tu niño herido. A la niñez herida la trabajamos en terapia. Gestionamos su dolor en espacios seguros.

Tomate un tiempo para pensar en el resentimiento que todavía llevás dentro tuyo hacia tus padres. ¿Qué historias respecto a quienes te criaron seguís cargando que es momento de soltar para entrar a tu persona adulta?

*Ser la oveja negra de la familia implica decir "basta"
con un sistema familiar que no funciona. Es empezar a
ponerle luz a comportamientos tóxicos, echarle amor en
donde hay miedo. Ser la oveja negra implica atravesar
numerosas experiencias dolorosas porque tenés la
capacidad de sanar lo que tu familia aún no pudo.*

Si sentís que no pertenecés, es porque
naciste para crear un mundo nuevo.

Yo creo que es una bendición-maldición ser la oveja
negra. Al principio, sos la quilombera de la familia,
al menos yo lo viví así. La intensa, la loca, la mambeada.
Esto es metafórico, claro, debajo de todo esto reside ese
potencial de sanación tremenda. Y claro, iba en contra de
toda la estructura familiar establecida.

La oveja negra carga con las heridas de sus ancestros,
de su clan y estas heridas se manifiestan en su realidad de
forma chocante ante lo aceptado en el entorno familiar.
Esto no se sabe, claro, hasta entrar en el camino de la sanación y transformación. Es esa persona que hasta se destaca
en sociedad por ser de manera distinta a lo habitual, o a
lo esperado.

Hoy en día, entre tanta familia tradicional, es común
ver la oveja negra como la rebelde, la que se tatúa, la que

no quiere un título universitario ni quiere saber nada con el matrimonio.

Hay un aprendizaje para el clan ahí, una sanación. Y quizás, en una familia más excéntrica y no convencional, la oveja negra desea estudiar derecho, llevar una rutina sana, construir una familia de forma tradicional. A veces no es tan drástico, y solo en algunos aspectos se pueden ver las heridas a flor de piel. Lo que sí está claro es que la oveja negra carga con una tremenda mochila de heridas que debe sanar y transformar en esta vida.

Yo fui la oveja negra porque llevaba tanto dolor en mi ser, y al no saber procesarlo: quilombo. En mis episodios depresivos, llenos de ansiedad y culpa, sentía que la vida me desbordaba. Y muchas veces lo hacía. Todo el huracán emocional me llevaba a comportarme de maneras agresivas e impulsivas. Mucho tiempo creí que tenía problemas de ira, de que realmente era una persona fallada. Pero ahora entiendo, solamente era TANTO dolor reprimido, que al transformarlo, se transformó en paz.

No puedo creer estar diciendo esto hoy en día.

Como te conté antes, la eterna sensación de insuficiencia, sentirme perdida en todo momento, sumado a no saber cómo manejar o entender todo lo que me pasaba. Quizás en un momento me dieron por perdida; no me interesaba estudiar, y era un horror ante los ojos de mis familiares, ex alumnos de universidades destacadas. Reaccionaba alocadamente seguido, trataba mal y me puteaba con absolutamente todos mis familiares. A los 18 años volvía regularmente a las 11 am a casa, sin dormir, obvio, pero esto es algo que recién ahora puedo contar sin sentir vergüenza.

Parte de esto era la historia que había vivido, sin procesar, y parte de esto fue la carga ancestral que claramente llevaba encima. Recién hoy puedo verlo, como resultados de muchas terapias en el proceso de tratar de entender mi dolor.

Era la definición de quilombo. Bien oveja negra la nena.

Mi ser interior deseaba hablar de todo lo que había vivido. De cómo de tan chica tuve que madurar tan rápidamente. Cómo sentí tan fuertemente el abandono más de una vez en mi vida, el rechazo, la humillación; resultando en una adulta insegura y con vergüenza a todo. Nada de esto lo había podido procesar ni hablar. Claro que iba a convertirme en una adolescente rebelde. Todo eso que había vivido, era la manera en que se manifestabanlas heridas del linaje en mi realidad, para luego poder sanar.

Nada de esto es para echar culpas, si no para mostrarte que a veces el síntoma (ser adolescente rebelde, autodestructivo) nos señala algo dulce y vulnerable (darle voz a todos mis procesos que tuve que guardar durante tantos años). Nos señala que aunque parezca lo contrario, tenemos una gran misión en nuestro núcleo, estemos en contacto con él físicamente o no.

> Honro mi misión de transformar todo
> aquello que mi clan aún no pudo.

¿De qué manera sos la oveja negra? ¿Qué experiencias y situaciones en tu vida personal en realidad te dan la oportunidad de brindar amor y consciencia a tu dinámica familiar?

*El lado sombrío muchas veces te empuja al drama y a
la victimización. Al llevar tanta carga emocional, sin
aún saber cómo gestionarla, terminamos liberando
esa energía a través de más caos y culpabilidad.*

*Vamos a ser personajes oscuros, a veces, pero
eso no significa que no tengamos la posibilidad
de ser personas pacíficas y amorosas.*

Justamente porque una persona es oscura, tiene
el potencial de ser una persona luminosa.

De más está decir que todos tenemos experiencias que
nos marcaron fuerte, para bien o para mal.

Cuando cargamos con tanta energía emocional sin saber qué hacer con ella, porque nadie nos enseñó, probablemente terminemos generando mucho drama y quilombo a nuestro alrededor. Es natural. Lo viví.

Me acuerdo que, previo a este camino, siempre estaba envuelta en quilombos. Nunca había entendido el por qué. Hoy entiendo que es justamente esta "cruz" que cargaba a todos lados sin saber qué era, de dónde venía, ni qué hacer para liberarla sanamente.

Inevitablemente terminaba pisándome los pies una y otra vez. Cosa que terminaba en arrepentimientos y culpas. Era un personaje oscuro, hasta malo a veces.

Recuerdo haber hablado de más, o mandarme alguna cagada, o estar con el chongo de una amiga, o contar algún secreto que no se podía, o tomarme toda sustancia por haber y hacer papelones, y al día siguiente querer morir.

Tener noches consecutivas sin un recuerdo en mi memoria. Siempre en alguna estaba. Arrastraba esta sed de drama a todos lados. No entendía por qué era así. Yo sabía muy en el fondo que era BUENA persona, realmente nunca dudé de eso.

Entonces, ¿cuál era la necesidad de sabotearme de esta manera?

Me castigué mucho tiempo por esto, era como estar poseída por un demonio maligno y no saber por qué era como era. Había dolor ahí, mucho, y hasta saber cómo trabajar con él, el demonio se tenía que liberar de alguna forma.

Si te encontraste o te encuentras en una situación similar, sabé que está bien y que estás empezando a encontrar nuevas formas de vivir, conocerte, aprender, y amar; y más que nada: nuevas formas de procesar tu dolor.

También, en la parte previa al despertar al amor, creés que todo tu dolor y malestar es culpa del resto. De tus padres que no te amaron como debían, de tu novio que te cagó, de tus amigas que te dejaron de lado, de tu jefe que es muy estricto, del sistema que es muy encarcelador, de la sociedad porque tiene cierto estándar y por eso no te sentís linda.

Objetivamente, no son situaciones agradables ni justificables bajo ninguna circunstancia. Pero al no tener consciencia de cómo funciona la vida aún, podemos creer que verdaderamente todo el mundo tiene la culpa del por qué nos sentimos tan mal, tan inseguras, tan solas.

Recuerdo que cuando ya estaba llegando al final de mi etapa oscura, mi victimización se potenció por mil al darme cuenta de que mis amigas se estaban alejando de mí.

Me sentía sola, deprimida, y en ese momento hice absolutamente todo para seguir ahogándome. Todos tenían la culpa de mi depresión. Mis padres por no verme, mis amigas por elegir no estar en mi vida, mi ex por cagarme. ¿Qué más me quedaba? ¿Yo? ¿Asumir responsabilidad? Te escupía en ese momento si me decías eso.

Todo esto es denso, pero natural en el proceso. Te lo dice una escorpiana, ex víctima, iniciadora de quilombos por donde me veas. Ahora, luego de muchísimo laburo interno, puedo ver con claridad que todo eso que era "densa, quilombera, víctima, dramática" era porque no tenía consciencia de mi misma, de mis mecanismos, ni mucho menos sabía como procesar de manera sana todos mis dolores y la necesidad de SER VISTA: plot twist: la única que me tenía que ver era yo misma. Aceptarme yo misma. Yo misma pertenecer en mi propia existencia. Desligarme de los juicios ajenos. Sanar esa voz interna que me repetía una y otra vez que era rara y que nunca iba a volver a estar bien.

Lo que sí te voy a decir acá es que, estés donde estés en tu camino, todo se transforma. No dejes que tu pasado "oscuro" te impida tener un presente pacífico y luminoso. Vas a ir aprendiendo a trabajar con vos mismo, y más que nada, trabajar con todo lo denso que te sucedió, sucede, y va a suceder. Como te conté antes, tu historia de vida, tu ser, todo tiene un propósito, y aunque te compares al resto, creeme que todos en algún momento de nuestra vida sentimos que no teníamos valor ni posibilidad de ser un buen ser humano.

> Así como los árboles más grandes
> tienen sus raíces bien profundas
> metros y metros en la oscuridad
> debajo de la tierra, vos también
> podés tener un pasado oscuro y
> profundo y ser una persona fuerte y
> luminosa. Una cosa no quita la otra.

¿Qué características o experiencias tuviste/tenés a causa de no saber procesar tu dolor? ¿Qué versiones heridas tuyas es momento de perdonar y liberar?

*Cuando estás en las penumbras del lado oscuro no se te cruza por la cabeza que es posible que tu vida tenga un giro inesperado positivo. Lo brillante es que, justamente porque la oscuridad es tan densa, está la posibilidad de atravesar a la luz. En la oscuridad reside la puerta a tu transformación.*

Sin oscuridad, no hay luz. Estamos en un mundo polar. Cuanta más profunda sea tu oscuridad, más brillante va a ser tu luz.

Cuando yo estaba en este período oscuro, ni se me hubiese cruzado por la mente la posibilidad de que la vida fuera de otra forma. Sentía que la vida sería así por siempre. ¿Por qué en la escuela, o nuestros padres, en suma, los responsables de nuestra educación, no nos cuentan del poder de la transformación? ¿Por qué estamos en una sociedad en donde si te sentís mal, tranqui, un buen título universitario y un trabajo van a arreglar eso? Es parte de la ilusión que te contaba antes, esa peli que a muchos de nosotros no nos sirve.

Habitar la oscuridad es desgastante si no la ves como una oportunidad para transformarte por completo. Quiero dejar esto en vos: toda tu oscuridad tiene el potencial de transformarte en un ser brillante. Ya lo sos, pero claro que la sombra no te permite ver eso todavía. Todavía estás muy nublada por lo que viviste, lo que te hicieron, lo que hiciste, tus miedos, tus circunstancias que te desagradan; básicamente tus gafas frente a la realidad. Por favor confiá que la puerta está al alcance de tus manos y a medida que te vayas alimentando de esta verdad se te va a ir despejando el camino.

Todo ser humano tiene la posibilidad de transformarse. Acordate de eso siempre. Si hoy te encontrás con hasta una partecita tuya sombría, oscura, que se siente densa, también tenés esa oportunidad. ¿Cómo podés transformar eso que te pasa en una herramienta más para tu aventura en esta vida?

Podemos dejar que nuestras características de mierda, nuestras historias trágicas, nuestras debilidades, nos hundan. Siempre es una opción. Seguramente ya lo hiciste o estás en esas. Y es re, irónicamente, cómodo. Castigarse, pasarla mal, victimizarse, etc. Creeme que me encantaría estar en esas pero llega un punto en que no lo aguantás más.

Me encantaría porque hay cierto gustito a la victimización, y es cómodo tener un buen respaldo para no abandonarla. Muchos de nosotros somos adictos a sufrir por nuestras historias, por nuestros defectos. Lleva mucha fortaleza interna elevarse sobre todo eso, mucha responsabilidad, mucha fuerza de voluntad. Pero al final del día sos vos con vos. No tenés nada que comprobarle al mundo. No tenés que comprobarle al mundo que sí sos víctima, si no que reconocer todo lo que viviste y encontrar las fuerzas para establecer tu nuevo camino. Para, al final del día, ser tu propia cuidadora. Requiere dejar tu orgullo de lado. La batalla de la victimización y todas las formas que toma es una batalla perdida para vos.

Pero claro, es cómodo porque no hay que hacer laburo ahí. Simplemente, tuki, dejás que todo eso sea el ancla al malestar que es tan tan cómodo. ¿Por qué es cómodo?, preguntarás. Es respuesta para un libro entero. Pero desde que nacimos, la norma fue el malestar (camuflado, claro) por eso hoy en día es lo que más nos resulta familiar: sociedad quejosa, irritada, deprimida. Que la política está mal, que el gobernador no pinta bien las calles, que los impuestos nos matan, que no hay como vacacionar. Es la NORMA estar en ese estado mental. Y ya va más allá de quién tiene razón o no. Lo cómodo es no hacerse responsable.

O, por otro lado, podés abandonar esa postura. Y preguntarás: ¿por qué voy a abandonar esto? Merezco sentirme mal por lo que me pasó, por la cagada que me mandé, por lo que me hicieron, por lo que me dijeron, etc. Bueno, si vos lo creés, dale. Volvé a esta parte cuando te des cuenta de que no te hace bien.

Podés abandonar la postura y tomar con tus manos todas tus vivencias, como un cirujano abriendo cuerpos, abrí el cuerpo de tu vida. ¿Qué podés TRANSFORMAR ahí? ¿Cómo podés usar todo lo que te pasó a tu favor? ¿Cómo podés transformar tus debilidades en fortalezas?

La energía disponible que reside en nuestro ser es tremenda. Por eso es arma de doble filo: nos hunde, o la transformamos para salir a la superficie.

A mi me tocó vivir esto. En principio, transformar esa historia que tanto odié. Decir, apa, quizás esto me sirve para manejarme mejor en la vida, para mi gran capacidad de adaptación, para encontrar un hogar que sea más allá del físico, para SER MI MEJOR AMIGA. ¿Hay algo más fantástico que esa lección? ¿Ese regalo? Claro, no me di cuenta de que odiarme tanto sería mi puente a convertirme en mi mejor amiga. ¿Ven por donde voy?

Creo que ya te diste cuenta el nivel de intensidad que manejo, espanta a muchos, y no me importa. Hoy en día, encontré una gran manera de transmutar la intensidad de mi día a día. Porque no soy todo paz y amor– la oscuridad sigue en mi sangre. Aprendí a escribir, aprendí a verbalizar mis procesos, analizarlos, diseccionarlos, darlos vuelta. Si no tuviese estas prácticas muy probablemente seguiría estancada en mi oscuridad y siendo ese personaje de los 18 años. Pero no las aprendí de un día para el otro, las aprendí al tirarme de cabeza al mar de la sanación y probar absolutamente todo para ver qué carajos hacía con todo lo que me pasaba.

Tampoco estoy diciendo que seas una positiva extremista todo el tiempo. Estar completamente ciega ante las realidades que estaría bueno cambiar, laburar. Discernimiento al leerme por favor: no crean que estoy empujando un posi. Igualmente, considero que estamos tan sumergidos en un estancamiento mental colectivo que ser una "positive Nelly" sería auténticamente imposible.

Muchas de las temáticas que vivas siendo la oveja negra seguramente resuenen con la oscuridad que habita en la sociedad el día de hoy. En mi experiencia, el malestar emocional, y toda la revolución que viví según este rol, se comenzó a proyectar en mi cuerpo.

¿Qué te gustaría transformar en luz hoy? No importa que no sepas cómo, solamente identificá lo que sabés que tiene potencial de transformación en tu vida. Eso oscuro, eso denso, que podés convertir en oro porque late tan fuerte en tu existencia.

*Dicen que "el cuerpo es un templo". Nuestro cuerpo es un vehículo físico sagrado que nuestra alma eligió para desarrollarse en esta vida. ¿Cómo es posible que sigamos creyendo que tiene fallas? Es el contenedor de la energía que rige nuestra existencia. Es el vehículo que lleva a cabo todas las maravillas que estamos viviendo y creando en el día a día.*

"Cuida de tu cuerpo. Es el único lugar
que tienes para vivir." - Jim Rohn

Estamos en una sociedad donde hay un culto al cuerpo delgado, con caderas, con algo de busto y cola. Ahora cada vez más hay un culto a los cuerpos y caras con modificaciones estéticas. Cuerpos y caras que se alejaron de su estado natural para ser "más bellas". Que fueron intervenidos por tratamientos de "belleza" para reparar sus "defectos". Algunas modificaciones se hacen sin intervención quirúrgica, a veces esta es necesaria, dependiendo del "error" que estás queriendo corregir. "Belleza", "defectos", y "error", son totalmente subjetivos al observador. Por eso es importantísimo que el único observador con autoridad (vos) tengas una perspectiva compasiva hacia vos mismo.

Es lo que se considera atractivo; tener una cara como si tuvieses puesto un filtro de Instagram todo el tiempo. En su momento, eran cuerpos anchos y rellenos los que estaban de moda. Lo mismo sucede con los estilos de pelo, la ropa, etc,. Está en todos lados. En Instagram, en Pinterest, en Tumblr, en las publicidades, en los carteles en la calle. Aunque son modas que cambian, *la constante es el nunca ser suficiente para encajar en la moda.* Porque cada persona es como es, distinta a su manera y bella a su manera también, no es lo más común encajar en un standard de belleza.

Y quizás un ego débil, una adolescente con autoestima baja (*yo en su momento*), una persona con secuelas de eventos traumáticos que impactaron en su autoestima, son las personas que sienten la necesidad de amoldarse a lo que esté de moda en la sociedad en el momento para sentirse valiosas. En mi caso no solo fue eso, sino que una combinación con un vacío y la necesidad de sentir que ALGO en mi vida por lo menos estaba bajo control y estable; y más que nada, que pertenecía.

### ~ **Mi historia** ~

*A los 13 años comencé una dieta extrema. Fue lo primero que me sedujo (inconscientemente) de lo que llamo el "lado oscuro", que es ese lado que habitamos hasta que no podemos más y la luz nos viene a buscar. Estaba muy triste, por todo lo que sucedía en casa, por la eterna sensación de no pertenecer (a pesar de que ya a esa altura tenía compañeros en séptimo grado con los que me llevaba bien), por sentirme que siempre estaba un paso atrás del resto, por esta culpa que incorporé a mi ser, por mi poca capacidad de disfrutar, y ahora además sentía un odio tan fuerte hacia mí misma que ni quería comer. Me sentía totalmente imperfecta. Creo que el controlar mi comida era una forma simbólica de controlar qué tanto valor tenía y cuánto merecía sentirme bien, ya que me podía medir y comparar con el standard de belleza. Se volvió un hábito. En ese momento mi padrastro estaba enfermo, mi mamá estaba enfocada en él y nunca compartí lo que me sucedía con mis dos amigas del colegio. Era mi secreto.*

La sensación de querer sentirme *suficiente* era agonizante. Suficientemente linda, inteligente, como que pertenecía, divertida. Más profundamente, deseaba sentirme bien. ¿Y sabés lo que pasa? Que ya era suficiente y no lo sabía. Y vos, ya sos suficiente con lo que sos. Ya somos suficientes tal cual somos. Realmente es así. No te lo estaría diciendo si no lo fuera. La sensación de suficiencia no es algo que se adquiere, que se busca, que se encuentra, persiguiendo cosas externas. Mucho menos a través de la búsqueda de verse como alguien que no sos. No es un trofeo por el que se compite. Es algo que encontrás cuando te deshacés de esa búsqueda sin fin. Te podés pasar toda la vida intentando alcanzar algo que creés que te va a hacer sentir valiosa, o podés abandonar la búsqueda, las comparaciones, y sumergirte en tu completitud, que ya está acá, en este momento, mientras leés esto.

Fueron años que atravesé calculando las calorías en un plato con una sola mirada, llevar mi cuerpo al límite de pausar la menstruación, evitar salidas con amigos para no enfrentarme a la comida, tomar pastillas para apagar el hambre, entre otros hábitos que pensé que me llevarían a la belleza: en realidad me llevaron a ser una persona apagada y gris, con una notable caída de mi salud. En realidad, era una persona que estaba lejos de reconocer su belleza. Cuando creemos que somos nuestro envase, nos alejamos de nuestro centro. Cuando reconocemos que nuestro envase es lo que lleva lo sagrado, manifestamos la belleza más pura.

A los 15 años cada cosa que comía debía ser quemada inmediatamente en el gimnasio. Te imaginarás que iba más de una vez por día. Las múltiples siestas por falta de energía, los ayunos de los viernes para que pegue más el alcohol de la noche, los tes laxantes, las fotos al espejo intentando ver el mínimo cambio para darme un respiro. Luego los atracones a la noche, llorar frente a un pote de dulce de leche, una rutina triste.

En ese momento juraba ser feliz si lograba llegar a los 44 kgs. Hoy reconozco que mi cuerpo es. Sin nada que siga para definirlo porque no es necesario definirlo. Mi cuerpo es. Tu cuerpo es. No hay nada más lindo que tener un cuerpo sano, que me permita correr, respirar, cocinar, bañarme.

Hoy en día estoy rodeada de personas que constantemente están aspirando ser como aquellas "famosas diosas". Es un camino confuso, de ida, probablemente la vuelta sea difícil de encontrar. Lo que noto, es que nada nunca es suficiente. Nada nunca alcanza.

¿Sabés por qué? Porque si uno no honra quien es, nunca va a ser suficiente. El alma encuentra suficiencia siendo y expandiéndose en su autenticidad. Imaginate la tortura para el ser, para el alma, no solo rechazar su envase, si no que perseguir ser el envase de alguien más. No solo omitís tu ser verdadero, si no que te comés la peli de que sos el templo, en vez de la estructura que almacena y lleva lo sagrado, infinito, a la realidad física.

Ya sé que hoy en día el mercado de competencia de belleza está creciendo a lo loco. Tiktok, Instagram, Pinterest,

¡está por todos lados! Pero está en nuestras manos: el elegir abandonar la carrera (porque además, ¿contra quien estás compitiendo? Si somos todos distintos), o podés elegir navegar ese camino hasta el final de los días porque *siempre* va a haber algo que se puede modificar. La búsqueda es insaciable.

Estamos en esta Tierra para vivir nuestro máximo potencial. Eso significa ser 100% nosotros. Internamente y externamente. ¿Y qué si nuestro cuerpo no está de moda? Las modas pasan, el ser auténtico nunca. Ocupémonos de ser quienes somos, de ser personas sanas, de ocuparnos de nuestra vida emocional, de despertarnos todos los días al servicio de la tierra, y así, te prometo, somos las personas más bellas que la tierra puede tener.

Cuando me empecé a enfocar en mí, en seguir aprendiendo, en conocerme, en cuidar mis heridas, ahí entendí que mi cuerpo siempre fue, es, y va a ser perfecto. Más allá de lo que vea cuando estoy tirada en mi cama viendo Instagram y a los lugares donde me pueda llevar mi mente si se empieza aburrir, mi cuerpo es perfecto, y tu cuerpo también es perfecto.

Como todo en la vida, el vehículo que nos tocó en esta vida es sagrado. Cada parte de nuestro cuerpo es perfecto. Funciona con el motor de la energía divina, es el vehículo que te tocó hoy para navegar los aprendizajes de tu alma, ¿cómo va a tener alguna falla? Si lo comparamos, algo que le encanta hacer al ser humano, siempre podemos encontrar algo que esté "mal" o "bien". Pero si logramos verlo por su autenticidad, el bien y el mal desaparecen, porque es divinamente original y perfecto.

Con los años, me di cuenta que a medida que iba llenando esa carencia que sentía conmigo misma, se iba llenando la carencia que se manifestaba en mi cuerpo físico. El vacío tan fuerte que sentía internamente; el constante sentirme menos, insuficiente, se proyectó en lo que la industria más utiliza para manejar nuestra autoestima: el cuerpo; y yo caí.

Y ahora, siendo la persona que soy, comiendo lo que se me da la gana, mirándome al espejo con amor, teniendo el cuerpo que tengo, entiendo que nunca tuvo que ver con mi apariencia física. Que la apariencia física acompaña el estado interno, el alejamiento de mi ser. Una vez que empecé a resolver la falta de plenitud interna que sentía, empecé a ver amor en mi cuerpo.

Entendí que la nutrición pasa por otro lado. Es todo un conjunto. Un conjunto de palabras amorosas, pensamientos compasivos, hábitos de cuidado propio, dedicación a la sanación; junto a eso, llenar tu vehículo de alimento que sirva como motor para llevar todo eso a cabo. Cuando el enfoque pasa a tu vida interior; esas ganas de sentirte bien, de ser quien naciste para ser, de nutrir tu mente, tu corazón, tu exterior se comienza a amoldar a tu vida interna. De adentro hacia afuera siempre.

Cuando como sociedad dejemos de sostener estos hábitos enfocados en la perfección del vehículo (que ya dijimos que no existe) finalmente vamos a atravesar una gran barrera hacia nuestro bienestar. Pero está en nuestras manos. Hasta las más famosas de las famosas están constantemente cambiando, ¿para parecerse a quien? Nosotras, en teoría, nos queremos parecer a ellas. Empezar a dejar nuestros cuerpos va ser un bien común. No hay ni una persona que no quiera aceptarse tal cual es en el fondo: es una liberación.

Trascender el odio hacia mi vehículo fue todo un camino. Más que el odio hacia mi vehículo era trascender el odio hacia mí, hacia la vida. Pero antes tuve que recorrer un poco más de destrucción.

¿De qué manera puedo empezar a cuidar más mi cuerpo y honrarlo como el templo de mi alma?

*Cuando estamos completamente dolidos, en la oscuridad, vamos a atraer vínculos que reflejen eso para poder empezar a verlo. Este vínculo va a sacar las oscuridades más profundas que existen en vos, para que puedas verlas y transformarlas en un nuevo camino hacia al amor. Esta relación entra como un huracán, para espejar todos los agujeros que tenés en tu interior, y los comiences a llenar con la energía del amor verdadero.*

"El destino es sabio. sabe a quien ponerte en el camino, ya sea para que se quede en tu vida, o simplemente para dejarte una lección."

### ~ Mi historia ~

En este período de oscuridad, vacío interno, exceso de control sobre mi cuerpo, conocí a un chico que por un ratito me salvó de todas las miserias que estaba navegando. Nos conocimos en una de mis noches de éxtasis, de las que te contaba anteriormente que eran mi escapada de lo que me ahogaba. Estaba en el auge de mi oscuridad. Su aparición fue como un pequeño anestesiante a todo lo que estaba viviendo; falta de conciencia sobre mí misma, falta de sensación de valor, sentir que no pertenecía a ningún lado, falta de eje. Cuando estás en un estado de debilidad completa, cualquier pedacito de amor va a darte un respiro.

Lo que pasa es que ese respiro reprime todo lo que todavía no resolviste, y en poco tiempo, puede explotar.

Él era hermoso, rubio, divertido, rebelde como yo, y me sentí como en casa. Cuando nos conocimos, me había gastado toda mi plata en las locuras de esa noche y no tenía nada para pagar el taxi, por lo que me llevó hasta mi casa y quedé flechada de JP.

Con él conocí una versión mía un poco más segura, más social, más rebelde a todo lo que había vivido antes. Un vínculo que parece "anular" todo lo que te hacía sentir mal y odias sobre el mundo, puede volverse una adicción en poco tiempo. Solo que confundimos esta adicción con amor, y hacemos todo lo posible para que no termine. Porque en el momento en que termina tenemos que afrontar la realidad otra vez.

Fue una sensación hermosa, pero como todo en la vida, lo que anestesia tus heridas sin echarles amor, se rompe de la peor forma posible para nuevamente invitarte a que le abras la puerta al amor interior que llevás dentro y te empieces a nutrir de una vez por todas. Es insostenible "caretear" tus heridas frente a la vida. La autenticidad, la verdad, lo real, siempre va a salir a la luz, tarde o temprano.

Y claro que mi pequeño anestesiante se rompió. Se rompió dentro de la metáfora que me tocó vivir con él (cuando hablo de metáfora me refiero a todas las situaciones que esconden aprendizajes sagrados para todas las personas involucradas); con el veneno de la infidelidad, con el veneno del desinterés, el veneno de las mentiras. Todo eso que reflejaba mi falta de autenticidad conmigo misma. Todo eso a lo que le llamo metáfora apareció para darle lugar a mis demonios más oscuros.

Claro que la vida te va a poner en tus manos todo lo que dispare lo que todavía no sanaste. Esto que se presentó en la relación, sacó el monstruo del control a la luz, y cuando intenté controlar lo incontrolable, salió lo peor de mí.

La agonía de volver a sentir insuficiencia, de sentir un vacío en el interior, darlo todo y sentir un vacío infernal, de hacer ojos ciegos porque abrirlos implicaba tomar responsabilidad de mi vida, si es que yo verdaderamente me valoraba. Y cuando estás en un estado de debilidad, la responsabilidad mejor dejarla afuera. De a poco, con cada situación que sucedía, la anestesia dejó de funcionar.

Despertó en mí la peor versión mía que conocí. Una versión abandonada. Vacía, desesperanzada, desconfiada, oscura. Una versión mía completamente entregada y chupada por una situación, a tal punto que el resto de la vida parecía estar en pausa. Una versión mía que estaba dispuesta a hacer hasta las locuras más grandes con tal de recibir un poquito de esa anestesia que alguna vez me había hecho sentir tan bien, o que había tapado a la perfección lo que quería dejar de sentir.

Noches enteras de llanto sin dormir, y no a causa de algo agradable, peleas eternas en el palier del edificio, volverme a las 7 am a mi casa completamente destruida del corazón, humillaciones frente a los demás al no saber controlar mi intensidad. Yo era la verdadera toxi. Éramos. Y está bien, eso me trajo a aprender a vincularme de una manera tan sana que hoy en día mi versión de aquel momento no me reconocería. Aburrida, me diría, el monstruo de aquel entonces (digo monstruo con amor). Tuve que aprender que el amor sano se puede sentir aburrido, pero estar en paz no es aburrido cuando aprendés lo que es vivir en amor por vos.

Tengo en la espalda un tatuaje de una flor de loto, hecha por quien luego me enteré fue una de las infidelidades que más me destruyó. "Tapatela", me decían mis amigas. Yo la llevo con mucho orgullo, porque simboliza las situaciones devastadoras en las que me sumergí, haciendo ojos ciegos, para encontrarme con un hueco en mi interior- y que luego trascendí.

"En serio te vas a poner de novia con el", me decían mis amigas al contarles, muy emocionada, lo que me había propuesto. Estaba ciega por las ganas de aliviar el dolor que sentía por dentro.

Cuando entrás en esas, en este tipo de vínculos, es un espiral hacia un agujero negro. Una sabe a donde está yendo, y sin embargo es tanto el vacío, es tanta la dependencia que se genera, que la destrucción en camino al agujero negro es incontrolable. Cómo si hubiese una mínima chance de que la situación se revirtiera, cuando en realidad ya estaba más destruida que un campo de batalla post guerra, con las heridas a flor de piel, rogando recibir un poco de amor y abandonar el veneno de la anestesia.

Después de todo lo que había sucedido, en cuanto a las mentiras, la infidelidad, la falta de cuidado; sentí la necesidad de controlar su cada paso, cada palabra que emitía; absolutamente todo. Cómo si intentar controlar todo esto me asegurara su amor, y más que nada, mi seguridad interna. No podía volver a sentirme tan mal otra vez. En realidad, todo esto estaba espejando lo que sucedía en mi interior; falta de consciencia de mi misma, falta de fidelidad, falta de cuidado, falta de honestidad.

Me da un poco de vergüenza escribir esto. ¿Ves? Ahí viene la vergüenza de la historia. Pero cada vez que aparece, me acuerdo que sin esa experiencia, entre otras, no hubiese llegado al punto de encontrarme conmigo misma. Podría haber sido peor o mejor, pero es lo que yo necesité y aguanté para aprender lo que tenía que aprender.

Cuando tenés estos patrones de heridas por no pertenecer, por abandono, por falta de autosuficiencia, por falta de amor propio, no hay evidencia que te salve de una situación oscura como la es una relación tan kármica que saca tus peores demonios a la luz para que puedas mirarlos a los ojos e integrarlos.

No es una situación agradable: de repente poseerte por tu lado más sombrío. Por ese lado que toda tu vida intentaste apagar, que no necesita nada más que amor puro, y va en búsqueda de experiencias que le generen tanto vacío, tanta desesperación, tanta agonía, que no le queda otra que recurrir al amor que existe dentro de una misma.

Mi karma era aprender a amarme (con karma me refiero a la lección que en esta vida tengo que aprender). Era aprender a ser suficiente por mí misma, sin depender de nadie ni nada más. Era aprender a sentirme con valor sin necesitar nada externo. Aprender a encontrar mi hogar dentro de mí. Aprender a disfrutar, soltar, estar tranquila a pesar del caos que mi mente pueda percibir externamente. Y la vida me puso en las situaciones adecuadas que me llevaran al extremo de todo eso, que no me quedó otra opción más que ver el amor cómo la única salida. Pero tardé años en llegar hasta ahí. Por eso las llaman relaciones kármicas: de un golpazo te sacuden para que abras los ojos a tu realidad interna.

Cuando nos encontramos en un vínculo así, es importante recordar que toda situación nos espeja algo dentro nuestro que todavía no podemos ver con claridad. Creemos que la culpa siempre la tiene el otro, por eso nos sentimos tan mal, por eso actuamos tan alocadamente, al querer hacer que el otro VEA nuestra realidad. Pero la realidad es que, por más desconsiderada que sea la otra persona, cómo reaccionamos, por qué reaccionamos de esa manera, y cómo nos sentimos tiene que ver con nosotros.

Estos encuentros nos dan la oportunidad de vernos, de conocernos. La metáfora puede hacernos creer que estamos construyendo algo con otra persona, pero en la raíz, nuestra alma está pidiendo a gritos que nos conozcamos y empecemos a darnos esa atención que necesitamos. Está pidiendo a gritos que le demos luz a todo ese dolor, que poco tiene que ver con la persona que tenés enfrente. Es este dolor del que te hablaba antes, que posiblemente y seguramente, arrastramos desde el vientre de nuestra madre.

En ese momento mi reacción a todo lo que viví en pareja fue demoníaca para mis ojos de hoy. Pero en aquel entonces no tenía otra forma de ser. ¿Cómo se suponía que tenía que actuar si no tenía ni un poco de consciencia respecto a mi, a la vida, y todo lo que sé ahora?

Lo mismo aplica para vos. Hoy en día, frente a una situación similar, pude ser la mujer adulta que construí todos estos últimos años. Lo externo es lo mismo, pero lo interno cambió, y gracias a darme bola, mi fuerza interior me ayuda a mantenerme fuerte en lo exterior.

Le tuve que decir adiós a él, y a todo. Fui recorriendo un camino de autodestrucción después de saber que no había vuelta atrás. Éramos yo, mis heridas, y la vida. Mi anestesiante quedó a mitad de camino, y me tuve que dar la mano yo.

¿Qué relación en tu vida te espejó o te espeja tus heridas/oscuridades a transformar? ¿Qué aprendizajes me toca integrar de esta situación?

*Cuando se nos derrumba por completo lo que juramos nos haría feliz, nos encontramos frente a un vacío existencial. Cuando la vida se vuelve demasiado, cuando te convertís en tu peor enemiga, cuando tus heridas son la brújula de tu andar, cuando te poseés por todo lo que te rompe el corazón… lentamente comenzás a morir.. Sin saber que se aproxima una nueva oportunidad.*

"Ningún mar en calma hizo experto a un marinero."

### ~ Mi historia ~

Caí fuerte.

Por una relación había tirado toda mi vida a la basura, o así lo sentía. Me había convertido en alguien que odiaba, y además, sentía un vacío tan grande que llevaba conmigo todos los días que me preguntaba cómo se podía vivir así. Vivía como un robot. Cumpliendo con la universidad, con el gimnasio, con la comida, con la vida social, y a dormir.

Todo en repeat.

Un vacío que se agrandaba cada vez más. Y en el tiempo que no estaba haciendo eso, dormía. Dormía y dormía porque el cansancio de llevar una vida tan vacía era más cansador que cualquier otra cosa, sumándole que comía menos de lo que una chica de esa edad debía comer. Estaba más que triste. Fueron años grises para mí.

Claro, por fuera estaba divina. Nunca te hubieses imaginado el infierno que llevaba por dentro. Pero vibraba tan bajo, querido lector, vibraba tan bajo que no entiendo cómo no fui coronada la reina del inframundo. Estaba tan abajo en mi vida, que de a poco seguí destruyendo todo lo que quedaba a mi alrededor. No a propósito, obvio. Yo quería estar bien. Quería ser feliz. Todos queremos eso, ¿no? Pero mi mundo interno había quedado tan podrido que mi mundo externo estaba siguiendo esa pauta también.

Intenté mil y una veces recuperar a mi anestesiante, él, a pesar de todo lo que había vivido, a pesar de haberme transformado en mi versión más lastimada, pero no tuve éxito. Al contrario, cada intento me desgastaba más el corazón. Cada esfuerzo en recuperarlo, me pisaba los pies, metía la pata, salía mi versión herida al campo de batalla, con lo poco que le quedaba. Y cuando sale a pelear tu versión herida es una partida perdida.

Hoy aprendí a no reaccionar cuando tengo mis heridas a flor de piel. Pero nadie nos enseña eso.

La gente que nos rodeaba pareció tomar bandos, como si fueran equipos, y la mayoría se fue al bando de él, obvio. Eso me lastimó bastante, y profundizó mi herida del rechazo. La profundizó, o espejó lo grande que era esta herida en mi vida. Yo era la loca, la enferma, la depresiva. Sentía que era yo contra todo el resto de la existencia. Nadie te enseña a gestionar tus emociones, a ver tus heridas, a trabajar con una misma. Y la consecuencia de eso es, sí, locura, enfermedad: depresión.

Me empecé a sentir peor. Ni un poco de valor personal. Ni dos gramos de autoestima. Me aislé de todos, nunca me sentí tan sola y me fui del país. Dicen que no importa a dónde vayas, tus demonios te siguen.

Es verdad. Mis demonios me acompañaron a Estados Unidos. El lugar de donde había huido ahora me volvió a abrir sus puertas, con esperanzas de que el vacío se empezara a llenar. Les dije que la historia no integrada te vuelve a perseguir, ¿no?

¿Cuáles son las mareas en tu vida que te están empujando a entregarte al vacío? ¿Qué forma de vivir ya no da para más en tu existencia?

*Cuando estamos heridos sin saber procesar ese dolor, solemos accionar de manera herida, es decir: tenemos como motor nuestro dolor. Cuando el motor de nuestro accionar es el dolor, queremos sacarlo para afuera, porque no lo queremos tener dentro nuestro. Al querer sacar el dolor afuera, podemos actuar de manera no amorosa. Podemos lastimarnos a nosotras, al otro, y generar situaciones poco amorosas. Es natural. Parte de la vida es saber que muchas veces vas a actuar desde el dolor, y no a todo el mundo le va a agradar, claro. Si nadie te enseña a trabajar con tu dolor, ¿cómo vas a saber gestionarlo a la hora de actuar? Es abrazar tu proceso. Es entenderte. Es perdonar quien fuiste cuando actuaste desde tu dolor, para liberarte y poder avanzar.*

**Me perdono por las veces que viví desde el dolor sin haberle dado lugar al amor.**

Junto a mi pozo oscuro, la gente que me rodeaba en mi vida en Buenos Aires, se había alejado de mí. Como te conté, me había transformado completamente. No fue la distancia la que los alejó, había sido yo. O, ahora veo, fue mi niña herida saliendo a la luz. Esa niña que necesitó atención en su momento, siempre vuelve. Esa niña que necesitó amor, cuidado, tranquilidad, siempre aparece en la vida adulta si nunca le dimos bola. Mi autoestima estaba destrozado y eso se notaba. Mi accionar no era dulce y delicado; era enojado, malo, intensamente vengativo, que escondía una profunda tristeza ante la vida. Desarrollé mi propio repelente de personas. Hasta a las personas que consideraba mis amigas más cercanas, se habían ido. Eso me rompió el corazón.

Cuando actuamos desde nuestra parte herida, puede salir nuestro demonio a jugar. Alguna vez seguramente te pasó sentirte poseída por una herida. Sentir tan fuertemente y accionar impulsivamente, lastimando a alguien, o a vos misma, por actuar por completo fuera de eje.

Resultando en periodos de resaca emocional, culpa, decepción, conmigo misma. Al no entender que las heridas lideran tu vida, uno realmente cree que el problema está afuera. A veces sí lo está, pero el huracán que generamos a partir de lo que percibimos es 100% nuestro.

Antes me podría haber considerado una persona social, pero después de todos estos años de revolución, porque realmente fue la revolución de mi vida, temblaba al exponerme ante personas. Se me había desfasado mucho mi auto percepción. Me veía como mi peor enemiga, y por ende, creía que el resto de la gente también me veía así; era algo terrorífico. Me había vuelto tan insegura, tan insuficiente ante mis ojos, tan vacía, que no sabía cómo ser. Y hasta el día de hoy es una secuela que sigue dando vueltas.

Creo que cada persona experimenta esto de formas distintas, pero yo sentía que se me había deshilachado la personalidad. Al no saber quién era, menos iba a saber cómo presentarme ante los otros. No sabía cómo interactuar con personas con las que no tenía confianza, porque no confiaba en mí. Se me había despedazado todo eso. Me sentía juzgada, mirada, criticada, por todos, no solo por aquellas personas que formaron parte de mi etapa de derrumbe.

Esa herida de niña interior, de sentirme menos, de sentirme rara, de sentirme fuera de lugar, se proyectó en mi adultez. Es lo que sucede cuando reprimimos lo que deberíamos procesar en el momento en que nos sucede.

Tenía en mi cabeza las voces de la gente en aquellos momentos, diciendo, "loca" "loca" "loca", "enferma", "pobre, ¿no se da cuenta?"... esas voces que eran resultado de todas mis locuras, de la sed por sentirme bien. Aprendí que cuando nos poseemos por nuestras heridas, por toda esa oscuridad que surge cuando reprimimos lo que tenemos que integrar, hacemos locuras. O por lo menos yo lo viví así. Nos vamos de nuestro eje. Salimos de nuestro ser.

Recordá alguna situación donde hayas actuado desde el dolor. Con mano en el corazón, recordá la situación en tu mente y decí: me perdono por haber actuado desde el dolor. Reconozco que soy amor. Estoy en proceso de alquimizar todo mi dolor en amor.

*No tenés que justificarte ni explicarle nada a nadie. Tu camino y tus procesos son únicos y personales: son tuyos. Tenemos que entender que nadie está en nuestros zapatos por ende nadie puede experimentar lo que sentimos, lo que tenemos que aprender, los desafíos que afrontamos en el día a día.*

"Que no te importe lo que piensen de vos. Tu vida es como un libro cerrado, todos ven la tapa pero la verdad solo la conocés vos."

¿Cómo le iba a explicar a las personas lo que estaba sucediendo en mi mundo interno? ¿Cómo les explicaría que todo lo que me pasó y todo lo que hice fueron de mi parte más herida y que deseaba más que nunca ser normal y ser feliz?

No tenía que hacerlo, pero en mi cabeza estaba ese pensamiento. Era horrible predecir lo que el resto podría interpretar de mi realidad. Pero no es necesario que le expliques tus procesos internos a quienes no están dispuestos a acompañar. Lo único que importa es que vos conectes con tus procesos, tus intenciones, los aprendizajes que te toca integrar.

La ansiedad que me generaba la gente, o la ansiedad que sucedía dentro de mí al exponerme, me dificultó mucho concretar amistades. De hecho desde que repelí a todos, hasta mi etapa universitaria en Estados Unidos, fueron pocas las amistades que tuve, si es que hubo alguna.

Hasta el día de hoy, a veces se me da vuelta la panza cuando tengo que afrontar una situación social. Porque es cuando ponés en práctica qué tanto cuidado le diste a tus heridas en cuanto a la aceptación del otro, o mejor dicho, tu propia aceptación. Quizás me sigue pasando porque lo viví tan fuerte desde tan chica. Pero siempre vuelvo a mí. Honro que soy lo que soy, reconozco que todos los días me levanto con la intención de ser mi mejor versión posible, y eso me basta. Sea cual sea la respuesta externa. Te invito a vos a honrar tu existencia y hacer lo mismo.

A veces proyectamos en los demás nuestras inseguridades: ese malestar no es por el otro si no porque por dentro nos falta un poquitín de aceptación propia, y está bien. Es un largo camino a recorrer el del amor propio. Pero está bueno acordarnos siempre que somos perfectos tal cual somos. Si hay algo que no nos copa de nosotros mismos, podemos de a poco intencionar cambiarlo, con consciencia y amor, pero nunca desde el castigo y represión.

Siempre sentía la necesidad de hacerle saber a la gente cuál era la posta. Por qué? Esta necesidad de convencer a las personas de que en realidad no estaba tan loca, no era mala, no era bicha. Me importaba más remediar lo que ellos creían de mí que lo que yo creía de mí. Y si yo efectivamente estaba teniendo esos pensamientos, era lo que en el fondo creía que las situaciones decían de mí. Por más que en el fondo sabía que mi intención era ser feliz, estar en paz, amar, y ser amada.

Junto a responsabilizarme y ser adulta, también tocó responsabilizarme por las situaciones que me generaban esto. Asumir que la cagué. Aceptar que el camino era conmigo misma en realidad y siempre que remediara mi relación conmigo, lo externo iba a espejarlo. Aceptar que vamos a parecer demonios a veces y está bien. No es grave. Lo importante es ser consciente y generar un cambio a partir de eso. Porque ni vos ni yo somos ningún demonio, solamente seres que todavía han de encontrarse con su amor interno.

¿Qué ideas dan vueltas por tu cabeza sobre lo que pueden llegar a opinar de vos? ¿Cuál es la realidad de estas situaciones que las personas no saben?

Recordá que solamente vos estás en tu existencia. Solo vos sabés cuál es la verdad de tu vida. Hacé las paces con que siempre van a hablar; tu única responsabilidad es enfocarte en vos.

*Cuando nos sentimos insuficientes para el mundo, la culpa se vuelve crónica. Pero en la culpa se encuentra el potencial de conectar con tu suficiencia. Habitando la culpabilidad, podemos transformarnos en personas suficientes de corazón, podemos habitar la suficiencia.*

**Somos demasiado para solamente ser suficientes.**

Durante este periodo de mi vida, la culpa se intensificó. No me sentía merecedora de nada; ni de disfrutar de un almuerzo o un día de compras con mi mamá. Tengo recuerdos de querer volverme a mi casa cuando salía una vez cada 6 meses con mi mamá a hacer compras, porque sentía que era mucho para mí y que no merecía nada. Me sentía muy chiquita. Después de todo, arrastrando esta sensación desde la infancia a mi adolescencia, cada día que pasaba, más grande era mi insuficiencia.

La culpa me susurraba a través de las sensaciones físicas que no era merecedora. No era merecedora de estudiar, de disfrutar, de recibir amor. Tan solo SER era demasiado para mi. No lo merecía. Sentía un nudo en la panza, un pozo vacío, por solamente ser. Esto se intensificaba si llegaba a comer algo chatarra, o si llegaba a ponerme en pedo y pasarla bien, o si llegaba a pasar un finde viendo películas disfrutando. La culpa por vivir y ni hablar disfrutar, era intolerable.

Aprendí que la culpa me señalaba donde siento que no merezco respetar mis necesidades y deseos, mucho menos, respetar mis procesos naturales de aprendizaje. Al priorizar estos, me siento mala persona, poca persona.

¿Disfrutar de una salida? No podía.

¿Aceptar mi pasado? ¿Mis errores? No podía.

¿Abrazar quien soy? No podía. Me sentía MAL al hacer algo bueno.

Lo podríamos analizar con un terapeuta infinitamente, pero lo que sí aprendí es que esta culpa me señalaba que no me sentía suficiente persona como para disfrutar del mundo y que priorizar mis deseos/necesidades, hasta incluso quererme como soy, *no está bien.*

Llego un punto en el que verdaderamente la pasaba muy mal. Hoy en día me doy cuenta de que la culpa no me permitía disfrutar, ni relajarme, ni mucho menos vivir. Me sentía tan insuficiente que inevitablemente toqué fondo. Hoy en día practico priorizarme y bancarme la culpa. Atravieso la culpa. La abrazo y la transformo de a poco. Acordate, son procesos, nada sucede de un día para el otro.

No te voy a decir "no sientas culpa" si la sentís. No tiene sentido. Lo que sí te digo es que la indagues. Que la explores. Ya la usaste mucho para pasarla mal, ahora, ¿qué jugo le podés sacar? ¿En qué aspecto te sentís insuficiente? ¿En qué temáticas solés abandonar tus necesidades? ¿De qué maneras crees que no mereces sentirte bien? ¿No merecés una buena vida? Acordate, todo ser en este planeta merece sentirse bien. Sin importar su historia, sus errores, sus miedos. A mi, personalmente, me gustan los desafíos.

Encontrarle una llavecita de oro a la culpa me parece un hermoso desafío.

¿Qué cosas te generan culpa hoy en día? ¿Dónde sentís que no sos digno de disfrutar, de respetar tus necesidades y deseos? Luego, dalas vuelta, encontrando el huequito donde falta amor por vos en tu existencia. Conectá con la suficiencia en estas situaciones de insuficiencia; por eso mismo se presentan en tu vida.

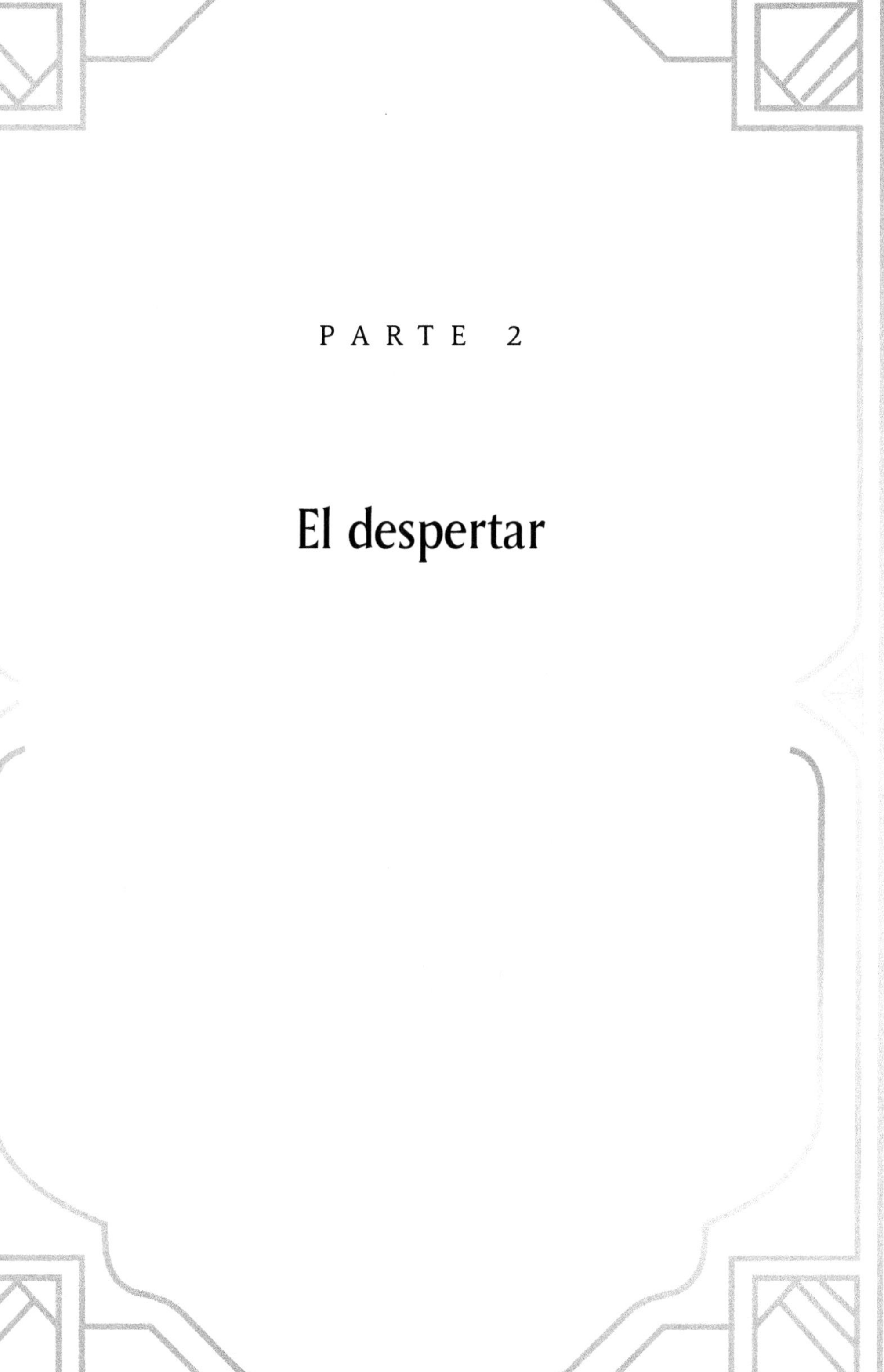

PARTE 2

# El despertar

*Cuando seguís alimentando un camino de destrucción y malestar, la oscuridad empieza a asomarse. Cuando sentís que diste todo de vos y sin embargo te seguiste hundiendo, cuando sentís que la vida te arrebató hasta lo último que te quedaba y te encontrás en un campo desconocido, sin destino claro. Cuando llega, no sabés que te espera un largo, hermoso camino, hacia el amor y la dulzura que están disponible para vos. Por eso es la noche oscura que le toca atravesar al alma.*

"Incluso la noche más oscura terminará
con la salida del sol." - Victor Hugo

A pesar de todo esto, muy internamente, seguía insistiendo en ir por donde no se predecía un buen destino final. Seguía forzandome a vivir una vida que ya me había rechazado. Solo quería pertenecer, sentirme amada. Ya era tanta la confusión, el camino obstaculizado, que parecía no haber vuelta atrás, o posibilidad de renacer.

Cada vez que volvía a Buenos Aires a visitar durante las vacaciones de la Universidad, insistía en volver a donde había roto todo, como si nada hubiera pasado. Más importante, insistía en volver a donde me había roto a mi misma. Intentaba adoptar una personalidad que ya había muerto. Esa personalidad que había existido en aquellas épocas. La noche, la vida social, los intereses falsos (no sabía qué me interesaba genuinamente entonces; solo seguía la corriente de lo que estuviera de moda, todo con tal de pertenecer) el ser canchera como el resto, el portarme bien para remediar toda las locuras que había hecho en los años anteriores y que la gente empiece a pensar bien de mí, todo en contra de mi esencia.

¿Qué locura, no? Cuatro años después ser incapaz de ver la verdad. Ah pero la verdad siempre llega...

Volver forzadamente a donde no había espacio para mí. Así es el ser humano en la inconsciencia. Por más que la mente sepa todo lo que debería hacer, por más que el alma sepa por donde tiene que volar, siempre vas a querer volver a lo conocido, a donde sentís que todavía tenés asuntos "pendientes", vas a volver a donde tus heridas desesperadamente sienten que tienen que ir para sanar, cuando es al revés.

Y cuando forzás, forzás, y forzás, te estrellás contra la pared. Creo que la vida funciona así. Y seguro te preguntás, "¿estrellarte aún más de lo que ya hiciste? ¡Te fuiste del país!".

Y sí, detoné lo último que quedaba de mí. Qué guerrera, ¿no?

Quizás te preguntás, o yo misma me pregunto, de hecho, ¿qué buscaba con pisotearme los pies una y otra vez? Había un para qué. Hoy me doy cuenta que era el único camino que conocía. Quizás no era compatible conmigo, con mi denso cuerpo emocional. ¿Por qué al resto le funcionaba y cada vez que yo intentaba seguir la vida que seguía el resto me hundía cada vez más? Nunca se me ocurrió que quizás estaba fuertemente herida y que tenía que atravesar un camino de profunda transformación. Y para que eso ocurriera, debía dejar de forzar una vida que, como era evidente, no iba. Pero andá a decírselo a una pibita de 19 años.

Cuando no captás las señales de la vida que te dicen que es hora de entrar a algo nuevo, que no hay lugar para vos en lo viejo ya, eso deviene en que te la des contra la pared; el doloroso impacto seguramente te ayude a entender cómo son las cosas y el cambio que deberías hacer para tu más alto bienestar.

Fueron años y años de señales que rechacé. Desde los 16 años hasta los 20.

¿Qué señales son evidentes en tu vida y sin embargo seguís forzando una situación?

*Es esencial aprender a abrir los ojos ante las señales
de la vida. Ver y reconocer lo que no funciona, lo que sí,
saber identificarlo para ir ajustando tu camino todos
los días. Cuando hacés ojos ciegos ante las señales de
la vida, tu situación explota frente a tu cara.*

"No ignores las señales que le
pediste a la vida que te mostrara."

Y así sucedió. Entre tanto vacío, tanta superficialidad, tantas ganas de sentirme aceptada y querida por todos los que me habían rechazado, ganas de ser alguien en el mundo, de figurar, de sentirme viva entre tanta muerte, ganas de pertenecer, de disfrutar puramente, de ser FELIZ, y llevar una vida tranquila como el resto; entre todo eso toqué fondo en mí.

Estaba viviendo tan fuera de mí, con el foco tan lejos de mi corazón, que me rompí. Cómo te contaba al principio, hay muchas personas que se van a sentir cómodas viviendo así. Despertar al amor no es para todos ni es algo que te hace superior. Cada persona tiene su propia experiencia. Que una persona viva lejos de su foco no significa que esté obligada a despertar en esta vida si no le toca. Vivir lejos de tu foco y tener tantísimo malestar, quizás es una señal de que SÍ te toca abrirte a algo más.

Debajo de todo lo que estaba viviendo se estaba moviendo todo para empujarme a vivir auténticamente y honestamente; algo que era desconocido para mí. Cuando vivís por el otro, cuando vivís con el foco en el afuera, en la receta de la sociedad para alcanzar el éxito, no vivís auténticamente, ni mucho menos honestamente. Cuando girás ese enfoque y lo ponés en vos, es un huracán en tu existencia y es una invitación a vivir en honestidad y amor.

*Cuando estás a punto de romper, inconscientemente vas a atraer situaciones que realmente pinchen todas tus heridas y tu oscuridad para que por fin empiece entrar luz a tu vida. Es doloroso, pero el dolor transforma. Solamente a través del dolor se puede romper el corazón, y la luz solo entra en un corazón abierto.*

"Hay una grieta en todo: así es como entra la luz." - Leonard Cohen

¿Qué era lo que ya no iba más? El perseguir pertenecer en todo sentido, dejándome apoderar por mis heridas de rechazo, de nunca sentirme aceptada. Ir por la gente más superficial que menos me iba a aceptar. Exponerme una y otra vez a situaciones que despertaban mis heridas de rechazo, de no aceptación, de no pertenecer.

Quizás a través de perseguir amistades que no me llenaban y lo sabía, hombres que no veían ni un poco de mi valor, porque claramente yo no lo veía, peleas y peleas con mi familia, e insertarme en situaciones autodestructivas.

El arruinar mi cuerpo con sustancias y falta de alimento. Nadie desea esto conscientemente, obvio. Yo menos. Pero había algo en mí que seguía volviendo una y otra vez a estas situaciones.

Era desgastante. Cuando estás en la oscuridad, en la inconsciencia, y cada vez más cerca de romper, te endemonias por tus partes más heridas. O así me paso a mi. Me poseía por un lado mío oscuro, que rechazaba, que todo lo arruinaba, que no se quería. Y hoy puedo ver con claridad cómo esto fue parte de explotarme hasta el final porque era indispensable para mi alma morir, y volver a nacer.

Hoy en día, a veces aparece el demonio, pero no tiene ni el 5% de influencia que tenía antes. Sé dialogar con él. Le explico que ahora me amo, que recorrí mucha vida aprendiendo a vivir, que entendí por qué le di la mano en un momento y cómo su presencia me llevó a conocer el amor.

*Eran las 11 de la mañana de un sábado de julio. Yo no había dormido. En ese momento, mientras veía la cocina y el living iluminados con una luz gris de un dia nublado, recuerdo perfectamente cómo se apoderó de mí una ola de vacío tan intenso que me armé un bolso, encarando para casa de papá, sabiendo que no podía estar más sola ahí, con este vacío que vino de visita y se sentía algo serio. En ese momento, verdaderamente me cayó la ficha de que no había vuelta atrás. Con lucidez pude ver cómo todo lo que parecía verdad era una mentira. Yo era una mentira. Todo lo que había perseguido durante años era una ilusión. Estaba de repente parada frente a un vacío, la vida, o todavía no sabía qué era pero necesitaba empezar a buscar respuestas. Nada era verdad.*

Todo lo que me había preocupado tanto (lo que te conté anteriormente) esa mañana se disolvió por completo. Nada de eso parecía ser real

Lo único que era real era el dolor inmenso que se apoderó de mí, que, hoy me doy cuenta, era todo aquello que había reprimido y tratado de solucionar con lo externo. Más bien, lo proyectaba en todo lo externo: en carrera, en amistades, en mi apariencia física, en vinculos sexo afectivos. Todo lo que me dolía desde chiquita, había tratado de resolver en mi adolescencia. O no resolver, pero estas heridas que podrían haber esperado a mi adultez para salir a la luz decidieron mostrarse en la etapa más frágil. Receta para el desastre: heridas reprimidas y plena etapa de descubrimiento. Bienvenida a mi historia de adolescente.

La realidad es que nunca pensé que estaría publicando esto. Es demasiado genuino y transparente para el mundo actual, creo yo. ¿Qué pensará mi familia? ¿La gente que me conoce? ¿Los amigos de mi papá? ¿Las personas de mi etapa anterior? Qué vergüenza haber estado tan rota, ¿no?

No. Es un proceso real del ser humano: tocar fondo, y posiblemente renacer. Ahogarte en las obsesiones, las superficialidades que ofrece el mundo, el vacío de corazón, y más que nada, ahogarte en la ausencia del amor, en tus heridas enterradas en lo más profundo del corazón. Y es momento de darle una voz a este proceso, porque todos acá estamos profundamente heridos y es momento de darnos el lugar de despedazarnos y volvernos a construir.

¿Qué situaciones están pinchando tus heridas? Están indicando que es momento de dejar entrar a la luz y el amor a esa parte de tu ser.

*La noche oscura del alma llega como un cachetazo para despertarte. Te dice: el amor es la única salida del dolor, es tu momento. Cuando todo verdaderamente se cae a pedazos, y no hay salida, el amor es el túnel a la transformación. Cuando no parece haber ningún escape a tu situación, la vida te dice "saltá, entregate, soltá, y confiá en lo que tengo para vos".*

"Sin la oscuridad, nunca veríamos las estrellas."

Para muchas personas, la noche oscura del alma puede ser la muerte de un ser querido, la ruptura de una relación amorosa, un fuerte quiebre emocional, una despedida del trabajo soñado; una aguja que perfora el globo que pensabas que era tu base sólida. Lo que todas estas tienen en común, es que te obligan a tener un encuentro con la nada misma, y en esa nada solo existe el amor que es el todo, y encontrarte con vos.

Todo lo que pensaste que era real, que era lo único que tenía valor, que era tu base de por vida, tu identidad, desaparece. Y de repente empezás a nadar en un mar de la nada misma, buscando respuestas. Ansiás más que nada una brújula para encontrar un poco de orientación.

La noche oscura del alma te empuja a soltar tu pasado, tu identidad pasada, todo aquello a lo que te aferrabas como si fuera lo único que te pudiera dar valor. Duele un montón porque es lo único que conocés. Duele un montón porque se siente como perder una batalla que tanto querías ganar. Pero tu alma te dice: no es por ahí. Soltá todo y entregate, que hay una vida que ni te podés imaginar esperándote del otro lado. Soltá la batalla.

Cuando caí en manos de la noche oscura del alma, nada nunca volvió a ser cómo era antes. Se me fueron las ganas de vivir una mentira. Y sabía que era una mentira lo que estaba viviendo porque el vacío del corazón se hizo tan grande que era imposible hacer ojos ciegos. Pero tampoco sabía cuál era la verdad. Lo único que sabía es que la verdad te llenaba, y la mentira te hacía arrastrar un vacío.

Entré en un espiral vacío mega transformador; la queridísima noche oscura del alma, que no, no es una noche, si no que puede durar años. En mi caso duró aproximadamente dos años. Es un período de tu vida en dónde no podés ir vuelta atrás, como lo habías hecho todas las veces anteriores. Esta vez la vida te exige una transformación, una entrega al amor, una entrega a todo lo que es, una entrega al vacío.

Lo que pasa es que no sabés todo esto cuando lo estás transitando. Es un vacío confuso, sin salida, sin respuestas. Es buscar algo y ni saber qué es lo que estás buscando. Es deshacerte de tu identidad, de quien creías que eras, y entrar a una nueva piel, pero estar en un limbo donde te sentís en bolas. Es como tirar la toalla, sin saber que al tirarla te está por llegar una bolsa de oro: tu despertar a la divinidad, al amor incondicional, a la sanación de todo aquello que te pesó durante tanto tiempo.

En la noche oscura del alma te sentís solo, te sentís incomprendido. Probablemente dejes de resonar con tus amistades, "pierdas" vínculos, te aísles, cuestiones tu camino: tu carrera, tu profesión. También seguramente cuestiones tus intereses, tu identidad, tu familia. Nada se siente real y estable como antes. Empezás a cuestionar la sociedad, la política, el mundo. Absolutamente todo. O por lo menos en mi experiencia sucedió así.

Aunque se sienta desesperante, es solo el comienzo de la nueva vida que se está gestando en tu realidad. La noche oscura del alma es un proceso necesario para que te limpies de todo lo que no pertenece, para que comiences a integrar tu lado más oscuro a tu lado más luminoso, para que adquieras todo el conocimiento que está disponible para vos, antes de arrancar tu nueva vida.

¿Creés que viviste alguna noche oscura del alma? ¿Qué luz trajo esa oscuridad? Si estás atravesándola hoy, ¿cuál creés que es su propósito en tu vida?

*Siempre tenés la oportunidad de negar, de quedarte en la mentira, en la ilusión; muy en el fondo sabiendo que necesitás entregarte a la transformación. La vida te va a forzar a verlo, pero hasta que no explote en tu cara, es vivir sabiendo que habitás una mentira.*

Lo que niegas, te somete. Lo que aceptas,
te transforma. - Carl Jung

Aunque muchas veces, como me pasó a mi, la vida te va a obligar a abrir los ojos ante la verdad, otras veces vas a recibir pistas y probablemente elijas no ver. ¿Qué significa esto? Reconocer y ver claramente que estás huyendo de alguna verdad; distrayendo con cosas de la vida: cotidianidades, vínculos vacíos, joda, malos hábitos, vicios.

Y no siempre va a ser un golpe tan fuerte como la noche oscura del alma, si no que varias veces en la vida vas a tener que entregarte a la transformación. Es natural de la humanidad. Atravesar ciclos, crecer, cambiar.

Lo que pasa es que para permitir el cambio a lo que verdaderamente nos toca vivir, debemos elegir y aceptar que la realidad que veníamos sosteniendo ya está más del lado de la mentira que de la verdad. ¿Cómo te das cuenta? O podés estar muy conectada a tu interior, y saber cuándo es momento de transformarte, o podés fijarte que cada vez el vacío se hace más y más grande, más profundo, la sensación de que hay algo que está fuera de lugar. Ojo, en algún momento esa realidad probablemente ESTABA alineada a la verdad. Pero evolucionaste, cambiaste, ya es momento de otra cosa.

Si te elegís quedar de lado de la mentira, está bien; el vacío se va a agrandar y vas a buscar diversas formas de lidiar con eso (aunque la respuesta es muy simple: TRANS-FORMATE). Si te quedas de ese lado, vas a vivir sabiendo que estás en la mentira. Y la realidad es que nadie quiere vivir en la mentira. No importa que tan bien lo disimulen.

Si elegís cruzar el puente del cambio, de la transforma-ción, vas a afrontar dolor. No es un cuento de hadas. Te va a doler desapegarte de todo aquello que era tu realidad, desapegarte de esa ilusión, de esa peli que ya no te nutre. Somos seres humanos. Más vale que el apego es un poco in-evitable. Pero te aseguro que te conviene habitar ese dolor. No huir de él, porque cuando huimos de él probablemente volvamos a nuestra mentira. Es nuestra zona de confort.

Cuando te toque la puerta la transformación, baja los brazos, dejate llevar por esa ola sin apegarte a tu realidad, sin apegarte a esas distracciones. Habitá el dolor, conocete en el. ¿Qué te dice? ¿Qué te impulsa a hacer? (que no sea volver a la zona de confort). ¿Cómo podés transformarlo en fuerza para seguir tu camino de transformación?

¿Qué te gusta tanto de la ilusión a la que me apego? ¿Qué puente de transformación te está esperando? ¿Qué puedo esperar del otro lado del puente?

# 19



*En el vacío tenés la oportunidad de ser. Cuando todo se cae a pedazos, cuando te rendís ante la vida, cuando nada de lo que antes te sostenía sigue vivo, cuando quien eras antes te parece una extraña, el vacío te sostiene. Y en el vacío tenés la invitación a reencontrarte con vos.*

**Todo terreno vacío tiene el potencial de convertirse en un jardín abundante.**

Mi noche del alma me dejó recalculando sobre todo lo que había vivido. Como si la persona que era antes hubiese sido una ilusión. Nada de eso ya resonaba conmigo. No sabía qué exactamente resonaba conmigo, estaba perdidísima, pero nada del mundo humano me llamaba la atención ya, lo admito.

Más de unas cuantas veces quise dejar la facultad e irme a vivir a San Martín de los Andes, sola, con mis animales, y una cabaña. Hasta el día de hoy deseo eso a veces, lo admito. Era agonizante para mi ser vivir en un estado de confusión y a la vez tener obligaciones que le pertenecían a la persona que era antes. Lloraba a diario por sentir tan poca coherencia, claridad, dirección respecto a mi vida. Lo mismo me pasó con la vida humana en general. No le encontraba sentido al salir a comer, salir al boliche, a bares, tener citas, la moda, conocer a gente nueva. No me interesaba. Cada vez que lo hacía, sentía que no tenía propósito real, simplemente era una actividad decorativa. Pareciera que lo único que se volvió mi interés era descubrir lo que era la vida, qué estaba haciendo yo acá en la tierra, y cómo hacer para sanar todo lo que había vivido.

Estaba entre abandonar el sistema, o hacerlo hasta donde pudiese, y entre hacer lo que podía en mis circunstancias. Cómo no tenía mi brújula afilada, estaba todavía en el proceso de descubrirme, descubrir mi misión, mis dones, mis intereses reales, opté por quedarme donde estaba, con un par de modificaciones. Y le agradezco a mi ser del pasado por no haber dejado todo.

Por la mañana iba a trabajar, y sin que se diera cuenta mi jefa, escuchaba podcasts de extraterrestres, autoayuda, sanación con cristales, reiki, yoga; todo lo que me pudiera nutrir esta búsqueda interna; todo lo que rompiera con el sistema que yo había conocido como la verdad absoluta. Por la tarde iba a la facultad, cumplía con esa responsabilidad, y alrededor de las 19 hs volvía a mi departamento a seguir con mi búsqueda. Veía charlas, documentales, videos de YouTube, de distintas personas en el rubro "alternativo" y "espiritual"; me fascinaba aprender. Era mi rutina entre lo mundano y lo espiritual para balancear todo lo que estaba atravesando.

El vacío es medio desesperante porque queremos inmediatamente llenarlo: con lo que sea. Esto suele resultar en llenarlo con personas que no son del cora, en hábitos no muy copados; en cualquier cosa inmediata que pueda alivianar la incomodidad del vacío. Pero ya sabemos que eso no va. Más bien, aprovechar el vacío para cultivar lo real y genuino en tu vida. Eso que te da paz, que expande tu corazón, eso que se siente bien.

¿De qué maneras expansivas y reales podés llenar tu vacío hoy?

..................................................................................................................

..................................................................................................................

..................................................................................................................

..................................................................................................................

Es desconcertante no tener dirección, no saber a dónde ir. No te voy a mentir. Desesperante también. Aunque tu brújula es tu verdad, no te queda otra que entregarte a este llamado a la soledad.

# 20

*La soledad es un regalo para encontrarte, para conocerte. En la soledad podés escucharte, regarte, y luego florecer. En la sociedad se condena la soledad, como si fuera un defecto. Pero solo en esta ausencia de ruido externo, se puede conectar con uno mismo. El poder de la soledad está en habitar el vacío sin resistir, y permitir que la energía del amor penetre tu existencia.*

"Un guerrero de la luz usa la soledad, no
es usado por ella." - Paulo Coelho

La soledad puede ser un estado mental, o puede ser un hecho físico. Excluyendo las necesidades básicas como interactuar con el cajero en el supermercado, o un médico cuando te enfermás.

Para mí, fue un poco de ambas, comparándome a la persona que había sido antes. Me había desligado de casi todos, y donde estaba en ese momento, no conecté realmente con nadie. Y la falta de conexión para mi es la soledad más grande que hay. Aunque estés rodeada de 100 personas, si no conectás, te podés sentir la persona más sola del mundo. Si te rodea una sola persona, pero conectás con esa persona, te podés sentir la persona más acompañada del mundo.

A mí no me quedó otra que conectar conmigo, o empezar / aprender a hacerlo. Me entregué a la soledad. Solté la necesidad de estar rodeada de personas, de conocer almas gemelas, de tener un grupo. En la semana "socializaba" porque iba a la universidad. Intercambiaba un par de ideas en clase pero no salía de ahí. Los finde de vez en cuando me veía con alguien, pero lo más común era visitar a mi mamá, algo que hacía una vez por mes como mucho.

El resto del tiempo estaba conmigo. El haberme encontrado en ese pozo de soledad me empujó de verdad a convertirme en mi mejor amiga, a encontrarme, a realmente conocer quién era; a construir una base sólida en mi relación conmigo.

Mientras estaba en la ciudad más caótica del mundo, NYC, yo me había tirado de cabeza a mi mundo interno. Mientras escuchaba el after que hacía mi vecina, quien me dejó una planta en mi puerta como forma de pedir disculpas, yo amanecía escuchando mis afirmaciones positivas. Mientras todos a mi alrededor caminaban rápidamente de acá para allá, yo estaba aprendiendo a bajar el ritmo para conectar con mi presencia. Mientras mis compañeros de la facultad presumían sus pasantías, yo anhelaba encontrar mi propósito y mi paz.

En ese momento sentía que nadie me entendía, que no lograba conectar con la gente. De vez en cuando me tomaba algún que otro café con una compañera de la facu, o alguna amiga de amiga, y al final de la juntada me sentía vacía. ¿Era porque no conectaba conmigo misma aún? ¿Era porque estaba intentando forzar una conexión con personas incompatibles a mí? No lo sé, pero hoy en día me pasa cuando intento forzar conexiones.

Mi oscuridad seguía al palo en ese momento, a pesar de todo mi proceso, y lograba conectar con la gente a través de la oscuridad. A veces escapaba mi mundo interno y me iba a bailar a algún antro en Brooklyn con conocidos de conocidos, afters en esa ciudad que no duerme, fríos eternos, y viajes aún más eternos en el subte de vuelta a casa.

Conecto con la oscuridad. Y creo que también es una forma de conectar con algo (hoy en día también, solo que ya no caigo en sus manos como víctima, sino que la exploro para conectar con la luz).

Lo que tiene la soledad es que te invita a conocerte. En la ausencia de todo el ruido externo, que solamente son distracciones cuando tu alma quiere hablar; en esa ausencia te encontrás cara a cara con vos. Yo considero que en la soledad, te volvés indestructible. Te convertís en tu aliado, en la persona que más te conoce. En la soledad construís tu base de fortaleza interna, sin depender de nada ni de nadie. En la soledad te desmoronás tantas veces en manos de la divinidad que te convertís en un experto en morir y renacer. Cómo no contás con nadie, contás con vos, y con la magia que es la vida.

Estar a solas, en tu presencia, y en la presencia de todo lo que es, es de lo más poderoso que hay. Conocer tus intereses, invertir tu tiempo y energía en vos, tener revelaciones constantes por el espacio que le das a la vida para que te muestre lo que quiere mostrarte; no hay otra forma sin esta etapa ermitaña. En el tarot, que es algo que estudié durante esta etapa de autodescubrimiento, hay una carta que forma parte de los arcanos mayores que se llama "el ermitaño".

Esta carta representa un aislamiento para tener un encuentro con uno mismo y con la vida misma. Es pasar de enfocarte en lo externo, a enfocarte en lo interno para que eso se ilumine y crezca. Ese es el poder que tiene la soledad y el silencio. Llega en un momento de tu vida que necesitás encontrar tu verdad. Cuando ya todo lo externo generó tanto ruido sin sentido que tu única salida es a través de tu interior. Y cuando te encontrás con tu interior, en esa búsqueda pantanosa aparecen hasta las sombras más oscuras de tu persona, que también te toca integrar para volver a volar.

Estar a solas, estar en el silencio de tu presencia y la presencia de la vida, te permite conectar con tu eje interno. Con ese cable a tierra que reside en tu interior.

¿Cómo podés darle lugar a la soledad en tu vida hoy? ¿Qué está generando ruido innecesario en tu existencia, del cual podés desligarte para conectar con tu presencia?

Hoy, cuando me siento perdida, aturdida, estancada, me desligo de lo exterior para retirarme a mi soledad que, ahora entiendo, es una gran presencia y compañía de la divinidad. Cuando me desconecto del afuera y me conecto con el adentro, el ruido exterior comienza a disminuir, recupero mi claridad mental, la marea emocional se estabiliza y logro conectar con la paz.

Y en ese silencio el amor te empieza a susurrar.

# 21

*Para dejar que la energía del amor entre en tu ser, primero vas a tener que estar abierta a sentir todo ese dolor que estaba reprimido. Es la única forma de que esta pueda envolverte en su manto. Antes de la sanación, la herida tiene que sangrar.*

"La cura para el dolor está en el dolor". - Rumi

Empecé a conocer el amor de distintas maneras. En principio, se me rompió el corazón mil y una veces. No en el sentido romántico, aunque en ese aspecto también ya estaba bastante roto. Se me rompía el corazón cada noche al sentirme tan perdida, tan sola, tan devastada. Se me rompía el corazón al sentirme tan chiquita frente a un mundo tan agresivo e intenso. Recuerdo mi habitación en Manhattan, con la pared de ladrillos sin revocar, post guerra mundial. La miraba como si me fuera a dar alguna respuesta a algo, quizás, muy probablemente, alguien había vivido en esa habitación que pasó por algo, alguien que me podría haber dado una respuesta que me sirviera. Me aterraba el hecho de que al día siguiente habría que empezar devuelta. ¿Encontraré respuestas? ¿Mañana conoceré a alguien que me pueda acompañar un ratito? ¿En algún momento me sentiré estable?

El punto es que cada vez que me desmoronaba en mi acolchado blanco, cada vez que se me rompía el corazón, entraba en contacto con una energía poderosa, que solo podía acceder en ese momento, al rendirme.

Hoy en día también me desmorono. También tengo noches en donde la vida se vuelve demasiado. Me rindo ante la vida, ante la divinidad, y en ese momento, algo superior a mí me sostiene: el amor que rige todo lo que es. Extrañamente, el romperte, rendirte, te permite conectar con lo esencial, con la energía que rige todo.

Ya que estaba con esta sed de descubrir la verdad, de descubrir el por qué de todo, me empecé a involucrar en prácticas de terapias alternativas que me llamaron mucho más la atención que salir a bailar y tomar shots de tequila. Me sentía súper rara. Era rara, creo. Diferente al resto de la gente de mi edad. A los 20 años pretendía estar en el pico de diversión, aún más estando en Manhattan, pero yo opté por aprender a leer runas vikingas en Brooklyn por la noche, por ejemplo, para conectar con mis ancestros y los fines de semana asistir ceremonias.

En un momento clave de mi noche oscura del alma asistí a una ceremonia de ayahuasca. En uno de esos momentos cuando me rompí. Ya sé, está re de moda el ayahuasca. Pero no es una moda. Es una planta medicinal súper poderosa para este camino y a mí me dejó una huella importante en el corazón que quiero compartir con vos. En mis propias palabras, el ayahuasca es una bebida indígena psicoactiva, compuesta por plantas de la selva amazónica, que se usa en ceremonia con un propósito medicinal/ terapéutico.

Participé de esta ceremonia en Buenos Aires, en alguna vacación que tuve de la Universidad. Si ya estaba en unas, me tiré de cabeza a cada oportunidad que se me presentó.

Y llegó sola, a través de mi terapeuta del momento, y acepté la invitación.

La ceremonía estaba guiada por un chamán, además de sus 3 compañeros, que lo ayudaban y tocaban música. Éramos aproximadamente 20 personas en un salón, con un altar en el medio. Antes de comenzar, el chamán, Sandro, me protegió con agua bendita. Uno por uno, cada participante se acercó al altar para tomar la bebida sagrada y volvió a su lugar, en la oscuridad. Cuando todos terminaron, nos quedamos en plena oscuridad, comenzó la música, y comenzó la espera.

La planta en mi cuerpo empezó a revolver todo lo que había vivido. Las emociones las sentí a flor de piel. Las inseguridades, los miedos, las miradas externas, la superficialidad, la sensación incómoda de no pertenecer, el autocastigo,.. Todo eso volvió a mi ser, todo junto. No esperaba volver a revivir todo lo que me había derrotado, pero tuve que revivirlo para encontrar mi propia verdad.

Lo ví, lo sentí; ya estaba entregada. Sentía que era tanta mierda que me iba a morir. Quería que pare. Quería que desaparezca. ¿Por qué estos demonios me volvieron a perseguir? ¿Cuál era la salida? Necesitaba que me dieran un baldazo de agua fría para que se me fuera el efecto de la planta. Por mi mente pasaron mil pensamientos de cómo podía hacer para que ese dolor desapareciera. Esa sensación de estar al borde de la muerte, y por un momento, creí que eso era lo que estaba sucediendo. Era todo emocional, claro.

La marea emocional estaba cada vez peor, y era tan fuerte que ni escuchaba mi propia voz si es que había intentado pedir ayuda. Cerré los ojos y me entregué a la situación que estaba viviendo. No tengo una palabra para representar lo fuerte e intenso que fue el proceso. Sentía que estaba en un mar violento de emociones y sensaciones, y dejé de intentar nadar. En ese momento me sorprendió no haber muerto.

"Quiero que pare, quiero que pare..." me decía internamente. "Bueno, tranquila, si pasa algo pasará". Comencé a tranquilizarme más. "Estoy con vos, estoy con vos..." era una voz que escuchaba en mi interior. "Yo te tengo... estás a salvo". De pronto me encontré con una marea un poco más calma. Mis ojos seguían cerrados. Me abrazaba a mí misma. "Estoy con vos, te amo". Sin darme cuenta tenía los ojos llenos de lágrimas. Me abrazaba, lloraba, me hamacaba de atrás para adelante como si fuera una madre intentando dormir a su bebé. Me seguía repitiendo "estoy con vos, te amo". Y desapareció todo el malestar. Me quedé llorando toda la noche porque por primera vez en mucho tiempo había sentido amor verdadero por mí, hasta que salió el sol, y me volví a casa.

Esa noche representó para mí lo que hoy veo como romperte, hasta casi morir, y renacer junto a esta energía universal que te mencionaba. Dejarme penetrar por la energía del amor. Y duele, porque para permitir que eso pase tenés que estar dispuesta a sentir el dolor. Y creeme que no hace falta tomar nada para lograrlo. Simplemente entregarte a tus brazos y estar presente para vos, rendirte, confiar.

La vida puede ser un montón. Lo que vivimos, lo que sentimos, todo puede aparecer como monstruos que salen debajo de la cama. Nos podemos sentir solos luchando contra todo lo que parece querer atacarnos. La verdad es que nunca estamos solos. Siempre tenemos la oportunidad de abrazarnos a nosotros mismos, darnos la mano, y acompañarnos hasta los caminos más turbulentos.

Fue un paso dentro del camino al entender que no me falta nada para sentirme bien, para sentirme amada. Solamente tengo que abrazarme a mí misma, y entregarme al amor que ya está disponible para mí, y también disponible para vos. A pesar de todas las experiencias que me marcaron, que te marcaron, estamos en este planeta para amar y amarnos. Solo el amor puede liberarnos de nuestros demonios.

Para esta liberación, es indispensable la apertura al dolor. Lo voy a repetir muchas veces. Solo a través del dolor podés sanar. Imaginate una herida en tu piel. La podrías tapar con mil curitas y bandas. Tomarte remedios para no sentirla. Pero es probable que no sane muy bien. Esta herida necesita aire, necesita desinfectante, necesita exposición a esa agua oxigenada que tanto duele. Pero una vez que pasa eso, el proceso de sanación se pone en marcha. Lo mismo sucede con nosotros. No podemos seguir tapando lo que nos duele y debemos bajar los brazos y dejarnos envolver por el amor.

¿Qué dolor estás intentando evitar hoy? Este dolor tiene un gran poder curativo en tu existencia. Es momento de darle lugar y abrirte a que el amor universal penetre tu existencia a través de él.

*Cuando estamos en este camino espiritual la soledad puede ser inmensa. En este momento, en todas partes del mundo, hay alguien que se siente tan solo como vos y atravesando lo mismo que vos. Hay una red inmensa de miles y miles de personas cambiando su piel, atravesando la noche oscura del alma, y viviendo su camino auténtico hacia el amor.*

"Ningún hombre es una isla, completo en sí mismo; cada hombre es un pedazo del continente, una parte del todo." - John Donne

Con este motor curioso de descubrirme y descubrir la vida, me anoté en un curso de tarot. Viajaba dos horas semanalmente para asistir y era un momento sagrado para mí. Me encontré con la magia materializada en cartas, con mujeres que estaban en la misma búsqueda que yo.

Encontré un mundo nuevo: humanos que vivían la magia en su vida diaria. Podía hablar con mujeres respecto a mi camino, todo lo que había atravesado y cómo llegué a estar donde estaba en ese momento. Era algo que no podía hablar con las personas que me rodeaban, porque estaban en otra, no me entenderían.

Recuerdo viajar 1 hora de ida y 1 hora de vuelta para mi curso de tarot los miércoles en Queens. Era invierno. A veces hasta me patinaba del hielo que había en las veredas.

Pero era mi ratito para conectar con mujeres que estaban en la misma que yo, aunque me llevaran 10 años. Ellas me contaban sobre sus maridos, sobre su falta de sexo, sobre sus nuevos trabajos, sobre sus relaciones tóxicas, y yo escuchaba fascinada. Me fascinaba conectar con personas que llevaban la magia a la vida cotidiana. Obviamente hacíamos tiradas de tarot en el medio, para analizar energéticamente cada situación.

Por más que no haya sostenido el vínculo con ninguna, esos momentos de conexión y entrega me hicieron muy bien. Por esto hago énfasis, cuando trabajo con chicas, en que se involucren en actividades con otras personas. Dejando de lado los objetivos y esa rigidez de conocer al amor de tu vida, a la amiga de tu vida, en estos lugares. Solamente explorar rubros que te interesan y armar red de corazón.

A pesar de toda la soledad, la desconexión, el sentirse diferente al resto, siempre siempre siempre vas a encontrar a tu tribu. Sea una persona o sean 20. Encontrar a tu tribu no significa trasladar la idea del "grupo de amistad" al ámbito espiritual. Para mí, encontrar a tu tribu significa tener encuentros del alma con personas que están vibrando en la misma que vos. Es abrirte a tener estos encuentros sin la necesidad de etiquetarlos. Encontrar tu tribu significa unir fuerzas del alma con gente que está despertando al amor verdadero de la vida, y así ir armando una red inmensa de consciencia y ganas de evolucionar.

En unas de mis ceremonias de ayahuasca, terminé con mi energía medio baja. Así me sentía. Medio bajón, triste, mareada. Después aprendí que fue consecuencia de no haber protegido mi energía correctamente antes de la ceremonia. Recurrí a contactar a una reikista que seguía en

Instagram que vivía en Brooklyn para ayudarme a resolver este problema.

El reiki es un método curativo en el que la persona que lo hace te transmite energía universal a través de sus manos, y es lo que hizo Victoria conmigo. Recuerdo llegar a su casa, ya era de noche, y entrar a lo que parecía un mundo de hadas. Cristales por todos lados, plumas, cartas de adivinación, hierbas. Me acosté sobre una camilla de masajes y comenzó a poner sus manos sobre mi cuerpo, así, transmitiéndome esta energía sanadora. Colocó cristales en distintas partes de mi cuerpo y utilizó una pluma sobre mi frente, como si estuviese barriendo polvo de mi sexto chakra. Al terminar, me sentí muchísimo mejor, y ese malestar que había tenido durante esas semanas no volvió a aparecer.

Victoria se convirtió en una amiga para mí, y además, una mentora. A pesar de ella tener 40 años y yo 20, nos unía algo superior. Me enseñó a hacer reiki, a trabajar con piedras, a proteger mi energía, a poner límites, a lidiar con mi soledad, y fue un cable a tierra para mí entre todo lo que estaba viviendo. Fue un año de puro crecimiento a su lado y estoy eternamente agradecida a la vida por haberla puesto en mi camino. Ella decía que nuestro vínculo venía de otras vidas, y estoy segura que sí, porque hay conexiones que son muy perfectas como para ser casualidad.

Entre las personas que había conocido en las ceremonias de ayahuasca, mi curso de tarot que duró un año y Victoria, había encontrado nuevas formas de vincularme con las personas, a través de una misma misión en la Tierra.

Tu tribu está disponible para vos. Podés encontrarla en internet, en cursos, talleres, retiros, a donde sea que te lleve tu alma de manera natural. No estás a solas en este proceso por más que sientas que te ahogás en soledad. Hay muchas personas que están atravesando esto hoy en día, el despertar de la mentira, reconocer sus heridas y liberarlas, despertar del sueño de la superficialidad de la vida humana, y buscando el amor que sostiene todo lo que es.

Somos una red inmensa.

Tip: abrite a conocer a nuevas personas. Andá por lo que despierta tu curiosidad. Actividades, retiros, talleres, grupos en internet; expandí tu red si te nace. Cuando abrimos esa puerta podemos ver con claridad lo nuevo que puede llegar.

# LA RECONSTRUCCIÓN: de víctima al poder personal.

## Aprendizajes entrando a la consciencia

"No soy una víctima de la vida. Lo que atravesé liberó la guerrera que hay en mi. Y es mi mayor honor ser ella." - Rupi Kaur

Sé gentil con vos en el proceso de vuelta a casa. Mucho de lo que voy a contarte puede parecer duro, pero en realidad es una flexibilidad poderosa ante la vida. Sé gentil mientras vas incorporando estas nuevas formas de vivir... nuevas formas de responder ante la vida... nuevas formas de tratarte. No es algo que se aprende de un día para el otro. Van a haber momentos en los que sientas que se apodera la oscuridad de tu existencia, y está bien. Todo está permitido en este camino y lo que más importa es la consciencia de vos mismo. Tu intención de hacer lo mejor que podés con lo que tenés cada día. El camino de la reconstrucción es infinito, los aprendizajes son miles, las experiencias intensas, y las sensaciones profundas.

*Volver a empezar es una decisión y una oportunidad que creás vos. Cuando todo se derrumba, cuando navegás el vacío y sus varias islas, cuando la amenaza de lo desconocido ya pierde tanto poder… podés tomar la decisión de volver a empezar. Sea cuando sea que estés leyendo esto. Esa es la magia que llevás en tus manos.*

**Todos los días tenés la oportunidad de volver a empezar.**

Llega un día en el que sale el sol en tu corazón. Un día suena el despertador y hay paz. Es un día en el que sentís que estuviste hibernando por años y volvés a salir de la cueva. No, no tenés todas las respuestas en mano, pero querés volverlo a intentar. Nada especial sucede, si no que la tormenta interna, la amenaza del mundo externo, empieza a cesar. Así sucedió, quise volver de lleno a la vida humana. Ya había navegado mucha oscuridad y me tocó serme sincera respecto a eso. Por más macabramente cómoda que fue, era hora de insertarme en la vida de nuevo. Después de haber atravesado las peores tormentas, siendo tu compañía más fiel, querés disfrutar de la tierra, del pasto, del sol, y todo lo bueno que este planeta tiene para ofrecer, hasta quizás te empieza a atraer eso que antes no le encontrabas sentido.

Nada cambia, pero decís "basta". El basta a tu situación indica un "vamos" a la vida que sabés que merecés vivir, Y después de recorrer tanto camino, más vale que un día vas a tener ganas de reconstruir tu vida. Lo merecés. Si todavía no llegó, no te sientas mal por eso. Seguí practicando consciencia, autocuidado, autoindagación. Sabé que en el momento que decidas, vas a poder despertarte y empezar a vivir una vida basada en el amor. Claro que implica un proceso previo, y un poco de tu parte. Conecta con vos y sabé identificar cuando es momento.

Dicen que la tormenta siempre termina. No lo creí hasta que me pasó. Después de años de esa solitaria noche oscura del alma, sentí que la confusión se deshizo; que el vacío de a poco se empezaba a llenar; que las ganas de seguir avanzando en esta vida humana volvieron a mí.

Se trata de mantenerse fiel a la búsqueda del amor verdadero. Se trata de entregarse a la vida con muchísima fe y saber que todo momento desafiante pasa. Se trata de conocerse a uno mismo tanto, tanto que no hay forma de hacer ojos ciegos ante lo que uno mismo verdaderamente necesita. Y esa posibilidad de tener un encuentro tan íntimo con uno mismo, sucede como resultado de las peores condiciones de vida interna, como lo es la situación que te lleva a la noche oscura del alma.

Después de todo lo atravesado es como que tenía mi bastidor en blanco. Había tenido una transformación del ser. El pasado no estaba borrado, sino que lo había integrado. Entendí el poder de la historia. Esos momentos, esas situaciones, esas acciones, que me habían avergonzado tanto; que me habían destrozado la autoestima, que me habían debilitado tanto como persona, pasaron a construir mi fortaleza. La sensación de que la vida estaba en mi contra, por haber sufrido tanto mi historia de vida, por haber sentido en los huesos la desgarradora y silenciosa separación de mi padres, por haberme encontrado en una tierra totalmente distinta sin ningún tipo de acompañamiento, por haber sido un extraterrestre toda mi vida, por haber perdido a mi mejor amigo que era mi padrastro, por haberme hecho tanto daño… pude transmutar todo eso y llevarlo hoy con liviandad a la vida que realmente es para mí, que está alineada al amor que descubrí.

Nada había cambiado, pero todo había cambiado; una apertura de perspectiva, de consciencia, respecto a mí, respecto a mi vida, y a todo lo que es. Un encuentro con la divinidad, tan sagrada, tan profunda.

Cuando todo se rompe, cuando te entregás a la soledad, cuando te abraza la noche oscura del alma, no sabés que en realidad es un regalo de la vida. La vida te da una oportunidad para verdaderamente conocerte, para ponerle pausa a esa película que estás viviendo y encontrarte con la verdad, con la magia que existe en todo lo que es. Todo lo que te rompió y te trajo a ese lugar, fue el motor perfecto para que finalmente te empieces a dar lo que necesitás, que sólo podés conocer cuando te das el tiempo y el espacio para que florezca todo lo que antes no podía florecer.

Toda esta marea, estas idas y vueltas emocionales y físicas, me trajeron a mí. Me llevaron a mi eje interno. Al haber bajado los brazos, le di espacio y tiempo a mi interior para que florezca. Y en este florecer, encontré un hogar en mí.

Si lo sentís, escribí en este papel o en un cuaderno aparte tu decisión, en afirmativo.

Hoy (fecha) tomo la decisión de dejar el pasado en su lugar, y empezar a vivir en amor, en liviandad.

........................................................................................................

Te regalo la mía:

*Hoy decido dejar atrás todo el pasado que creo que condiciona mi presente. Mi recorrido hasta acá me sirvió para iluminar mi camino en amor y ahora estoy lista para vivir incondicionalmente.*

*Después de un tiempo, entendí que el hogar es la energía que está en nuestro corazón. Siempre que conectes con esa energía infinita, abundante, vas a estar en casa. A veces nos sentimos extraterrestres, desconocidos entre tantos conocidos, como si no hubiera lugar para nosotros en esta Tierra. El hogar es una energía que existe en tu interior. Y está disponible para vos, todo el tiempo.*

**Tu hogar es tu corazón.**

La vida me trajo de vuelta a Buenos Aires. Bah, el Covid me trajo a Buenos Aires. Como te conté, la vida siempre te va a hacer volver. No es que le había hecho la cruz a la ciudad, pero había despegado hacia otra vida.¿Qué tenía que hacer en esta ciudad ahora? Si no había quedado nada para mí. Estaba todo bien, podía quedarme unas semanas mientras se estabilizaba la situación mundial, pero más que eso no. Siempre supuse que era verdad la frase "el pasto es más verde del otro lado", y cada vez que me escapaba de situaciones, la vida me comprobaba que no. Que el pasto es más verde donde lo cuidás, sea donde sea que estés. Que otra situación que no era la mía siempre me iba a parecer mejor. Pero lo que hacía una situación buena también era cómo yo la vivía. Entonces, no importa donde estuviera, si yo no estaba bien, ese lugar me parecería defectuoso.

Pasaron meses, y no me fui. ¡Hasta me recibí de periodista! Y desde mi computadora, en plena pandemia. Todo el mundo estaba puertas adentro. Yo estaba con mi mamá en su departamento en Barrio Norte. Se suponía que tenía que arrancar mi vida ya. Se me habían despertado las ganas de volver al mundo humano. Pero no en Buenos Aires. No había nada para mí ahí.

Al parecer la vida hizo de las suyas y me mostró que sí podía estar bien donde estuve muy mal. Obvio, la vida no me iba a dejar reconstruirme en una playa paradisíaca. Si no que en ese mismo living de donde me había escapado años atrás. La vida no te deja escapar sin pagar multa. Literalmente me senté en el mismo sillón de aquella vez donde quebré fuerte, en el lugar oscuro, para conectar con mi luz y animarme a introducirme al mundo.

Llega un momento en el que los demonios que antes te perturbaban, hoy te muestran la posibilidad de un camino claro. La amenaza deja de ser amenaza cuando le abrís la puerta y dejás de empujarla a un lado. Lo mismo pasa con todo lo que tratás de meter en el ropero. Si lo dejás salir, ser libre, se vuelve más liviano y le das una oportunidad de estar bajo la luz de la conciencia.

Nunca me había sentido parte de ningún lugar. De acá, de allá, de ningún grupo, de ningún tipo de persona, y es algo con lo que me tuve que amigar. Pensé que iba a pasar mi vida escapando, buscando nuevos lugares, camuflando el escape con aventura. Más que buscar el lugar perfecto donde sentirme en casa, como eran mis planes de viajar después de graduarme hasta encontrarlo, se trató de encontrar ese lugar dentro mio. Y la vida me hizo aprenderlo volviendo al lugar donde menos encajada me sentí y donde peor me sentí conmigo misma. Estuve meses y meses en ese mismo hogar reconciliándome con mi existencia; volviendo a interactuar con personas, volviendo a abrirme, volviendo a mover mi cuerpo, volviendo a conectar con la curiosidad y los placeres de la vida humana. No me tuve que obligar a hacerlo, pero sí tuve que darme un par de empujones.

Junto a la soledad que atravesé, encontré mi hogar, irónicamente. Algo que me había revuelto el estómago por tanto tiempo, esta sensación de no pertenecer, de ser la rara, de no saber cuál es mi hogar, finalmente encontró su paz. Encontré un lugar en mi interior que es sagrado. Silencioso. Lleno de amor. Vacío de todo lo externo que perturba.

En el silencio de la pandemia, en la desidentificación de todo lo que había sido, en el vacío de la entre etapa entre recibirme y lo siguiente, en la ausencia de amistades, en la ausencia de absolutamente todo en realidad, se despertó la vida en mi interior. Cuando todo cae: tu identidad, tus planes, tus alrededores, algo sigue existiendo. Algo sigue siendo. Y se siente en las profundidades del corazón: un silencio abundante en energía- es tu esencia.

Todos dentro nuestro tenemos un espacio atemporal, divino, donde simplemente hay existencia infinita. Hay una vibración universal, llena de amor, en cada uno de nosotros. Ese es nuestro verdadero hogar. Sin importar donde estes, con quien estes, siempre podés volver a tu pequeño hogar interno. Ese que te acompaña a todos lados, porque en realidad es tu esencia.

Cuando cerrás los ojos, mirás hacia adentro, y respirás lentamente, ahí está tu hogar. Tu corazón, tu inmensidad que almacenás en tu interior. Es VIDA. Tu silencio, tu presencia. Ese es tu hogar. Pase lo que te pase, estés donde estés. Nunca lo olvides. Vos sos tu propio hogar, siempre. Podés permitirte salir al mundo cuando lo sientas, explorar, divertirte, recuperando la inocencia con consciencia, y luego volver a tu hogar verdadero, interiormente: donde las puertas siempre están abiertas, dónde hay amor para tirar al techo, y donde la paz es la norma.

Ese es uno de los frutos de la querida soledad. Entrar en contacto con algo tan profundo que con el ruido externo no hubieses podido encontrar. Es ese pedacito tuyo que se revela cuando te entregás en manos de lo que te toca vivir, cuando soltás el control, y te rendís ante la vida.Encontrás dentro tuyo energía que te sostiene, que te da vida, en todas tus existencias y que es un canal directo a la divinidad.

Regalate un minuto para cerrar los ojos, mirar hacia adentro, respirar en tu presencia, y dejarte sostener por tu hogar interno. Hacelo cada vez que la vida se vuelva demasiado.

*Muchas veces en tu camino espiritual, vas a tener que morir a quien eras y renacer en quien sos verdaderamente. Morir simboliza dejar que los ciclos se cumplan. Sin forzarte a ser alguien que ya no sos, o forzar vínculos que ya no fluyen. Dejar morir lo que ya cumplió su ciclo te da espacio para crear lo nuevo que quiere florecer en tu vida.*

"Todos los cambios, incluso los más deseados, tienen su melancolía. Porque lo que dejamos detrás de nosotros es una parte de nosotros mismos. Debemos morir a una vida antes de poder entrar a otra" - Anatole France

Después de la noche oscura del alma, renací. Como dice el cuento del ave fénix, literalmente renací de mi cenizas. Durante todo ese tiempo mientras pensaba que me hundía cada vez más, en la confusión, en la soledad, en la falta de identidad, en el vacío, en realidad estaba bailando en el amor que sostiene todo lo existe y estaba haciendo lugar para mi verdadero ser. Cuando todo cayó a pedazos, entendí que lo que había construido podía destruir y volver a construir. Y vos también podés.

Es muy escorpiano de mi parte, pero dejate destruir por todo aquello que te está perturbando. Dejá que te atraviesen esas situaciones dolorosas, esas personas, esos lugares, esos sentimientos. Solo cuando dejamos que esto suceda, hacemos espacio para que la vida empiece a iluminarnos nuevamente. Cuando peleamos lo que nos hace mal, tratando de cambiarlo, resistirlo, nos lastimamos aún más y no hacemos lugar para el cambio. Cuando soltás la pelea y te dejás "vencer", en realidad estás entrando a una gran transformación.

Entendí que mi mente, al tratar de entenderlo todo, resolver, conseguir respuestas claras, me estaba nublando de la simpleza que es la vida. Mi mente que pensó que podía controlarlo todo, mi mente que se había apegado al pasado, a todo eso que me destruyó, a todo eso que me hizo perderle fe a la vida, a todos los momentos donde me sentí mal, había estado tan apegada a eso que se me había nublado por completo la posibilidad de avanzar y de ver las posibilidades que la vida tenía para mí (y tiene): nunca había tenido en cuenta el renacer.

Me había apegado a una historia, a una narrativa destructiva, sobre mí y lo que era la vida. Y esa narrativa destructiva que habitaba mi mente, mi cuerpo emocional, mi accionar, estaba pintando para mí un futuro oscuro y sin ganas de afrontarlo. Eso pasa cuando nos aferramos a todo eso que nos está invitando a la transformación. Nos apegamos al veneno, en vez de dejar que la vida nos muestre lo bueno que tiene para nosotros. Nos apegamos al veneno en vez de hacer magia con él.

En el momento que quieras, en el momento que tu alma te lo pida, podés volver a empezar. Podés volver a nacer y seguir acercándote cada vez más a quien sos en verdad. En el momento que quieras podés bajar los brazos, soltar la lucha con la vida, y dejarte sostener por la magia que rige todo lo que es en el universo.

Esa es la magia del renacer. Es entender que nada es definitivo, que nada es para siempre. Ninguna experiencia, ninguna forma de pensar, ninguna identidad, ninguna profesión. Lo único que se sostiene a lo largo de todo eso es el ser, tu energía divina infinita que reside en tu interior (tu hogar interior). Y cuanto más en contacto estés con el ser, más vas a fluir a medida que entrás y salís de todas esas etapas. En todo momento tenés la capacidad de rendirte ante algo que no te llena más, y abrirle las puertas a algo nuevo. La forma puede cambiar, pero tu chispa infinita, divina, o sea tu ser, te acompaña a lo largo de toda esta experiencia.

¿Qué parte tuya es momento de dejar ir? ¿A qué identidad te estás aferrando que impide el progreso de tu alma?

*Cuando nos desvictimizamos de nuestra historia, lo que vivimos, lo que nos pasa, lo que nos pasó, podemos ver nuestra realidad con más claridad. El arte de observar te permite verte con los ojos de tu ser interior, esa energía que es hogar, amor, paz. Cuando observamos nuestra vida, nos damos cuenta que no somos eso que nos pasa, y nos liberamos de la cárcel de la ilusión. Somos el observador.*

**No somos lo que observamos, solamente somos.**

Me pedí disculpas por haberme creído esas mentiras sobre mí y sobre la vida. Las mentiras que decían que no tenía valor, que era fea, que no tenía dones, que nunca iba a tener buenas amistades, que nunca iba a encontrar un trabajo para mí, que nunca iba a encontrar amor, una pareja sana, que no era digna de estar con una persona fiel, que no tenía futuro, que mi vida no tenía sentido. Esas mentiras que decían que la vida no tenía sentido, que era más una maldición que una bendición, y que no había lugar para mí en este mundo.

Desde que pude salir de mi oscuridad mental, que me hacía creer que yo era todo lo que me había pasado y todo lo que había vivido, empecé a ver todos estos pensamientos desde afuera. Me convertí en la observadora de todo lo que sucedía por dentro y por fuera, y había dejado de ser lo que pensaba, lo que me pasaba.

Como una computadora que funciona según el software que tiene, nuestra cabeza también tira pensamientos dependiendo del tipo de configuración que tenga. Obvio que mi configuración estaba más del lado del miedo, del trauma, que del amor. Lógicamente. Pero no es nada que años de consciencia y apertura al amor no pudieron transformar.

Cuando nos convertimos en observadores, somos capaces de desidentificarnos de nuestra narrativa mental, de esas historias que nos contamos. Comprendemos que no somos eso, sino que esas son historias que se fueron construyendo en nuestra cabeza a partir de situaciones donde no tuvimos el don de la perspectiva y la consciencia; eso que incorporamos a nuestro ser sin filtro, de forma automática, por ende interpretando desde nuestras heridas. Al construir esas historias en nuestra mente, sentimos una emoción cómo consecuencia. Esta retroalimentación entre el pensamiento y la emoción es la razón por la cual se siente tan real, como si fuera la verdad. Pero la realidad es que el delirio que estás viviendo vos por dentro solo lo vivís vos. Nadie procesa la vida de la misma manera que vos. Por ende, podés relajarte sabiendo que mucho de lo que transcurre en tu mente no refleja la realidad cómo es, si no que refleja tu configuración interna, que siempre puede modificarse.

Hasta el día de hoy, la máquina que es mi mente está inundada de pensamientos, juicios, opiniones, etc., Si no freno a observar mis pensamientos, caigo otra vez en la ilusión de que soy todo lo que pienso y que todo lo que pienso es real. Caigo en la ilusión de que todo es realmente como lo dice mi mente. Caigo en la configuración de mi mente dolida. Que lo bueno es bueno, lo malo es malo, yo soy tal cosa, él es tal otra. Perderse en ese discurso es lo que te lleva a nadar en una vida que no te honra. Porque si no te hace bien, no está honrando el potencial de vida que tenés.

Tip: cuando te encuentres envuelta en ruido mental, separate de esos pensamientos y ponete en modo observador. Dejá que los pensamientos hablen, peleen, critiquen, se quejen. Que hagan lo que tengan que hacer en tu mente. Después de unos minutos, observá cómo se crean nuevos pensamientos, a partir de los anteriores, y algunos se van. Notá como después de un rato, lo que perturbaba tu mente, deja de existir. Simplemente observá. Esta práctica te permite procesar lo que aparece sin tomarlo como la verdad absoluta, que es lo que nos destruye.

*El camino de la paz está en dejar de juzgar nuestra vida. La paz está disponible para vos, para mí, en este momento presente, sin que nada tenga que cambiar. Alinearse a la paz implica alinearse con la verdad de que la vida es perfecta tal y como es. Punto.*

"La paz es el presente, sin juicios." - Byron Katie

En un libro de Byron Katie leí: "La paz es el presente, sin juicios". Y es la pura verdad. Cuando nos identificamos con la mente, hasta lo más maravilloso puede parecernos un infierno. Ese es el poder que tiene la mente.

La realidad es que la vida está sucediendo todo el tiempo. Desde que arrancaste a leer este libro hasta ahora, la vida siguió existiendo y todo siendo en ella. ¿Por qué nos cuesta tanto encontrar la paz? ¿Tenemos que irnos a una montaña lejos de todo para estar bien? ¿Tenemos que renunciar a la vida humana para escapar del dolor? ¿Tenemos que ser quienes no somos para sentirnos bien? ¿Cuál es la verdad?

La verdad es que estamos apegados a la narrativa de nuestra mente que está juzgando todo, todo el tiempo: que las bocinas son muy fuertes, que hace mucho frío, que estoy muy pálida, que él es muy malo conmigo, que no gano suficiente plata, que soy una sin-amigos, que no progreso nunca, etc. Claro que si tenemos todo esto en repeat en la cabeza nos vamos a sentir pésimo. Son cosas horribles para pensar e inevitablemente pensando así, lo que más generamos es una visión negativa respecto del mundo y de nuestro lugar en él.

¿Te das cuenta que lo que te quita paz no son los hechos en sí, si no lo que tu mente piensa sobre ellos? La manera en que tu mente interpreta todo lo que vivís y te sucede es lo que te genera la falta de paz. Cuando dejamos que las cosas sean, y más importante, cuando nos dejamos ser, recuperamos nuestra paz.

Pero, ¿qué difícil no? ¿Cómo se hace esto? Dejar de pensar no es una opción. Tenemos mentes como máquinas super poderosas todo el tiempo dentro nuestro. Lo que más me sirve a mí es notar que el verdadero sufrimiento está en mi pensamiento y no en mi realidad. Mi realidad es como es, tiene que ser así porque no es de ninguna otra forma. Si tuviese que ser de otra forma, sería de otra forma. Si hay algo que me gustaría cambiar, tomaré alguna decisión para cambiarlo. Pero,¿ para qué sufrir tanto, tan agonizante, por aferrarnos a lo que pensamos?

Es desgastante estar siempre abajo. Es desgastante sentirse mal con uno mismo, pensar mal sobre la vida, el mundo, etc. Podemos tener un montón de razones para hacerlo, claro, pero, ¿a quién le sirve si no cambia nada? ¿Si solo alimento un estado de negatividad asfixiante?

Cuando me identifico con mis pensamientos destructivos me voy por un espiral negro. Autogenerado por mí. Todo está igual, pero de un momento a otro puedo pasar a estar en un infierno por dejarme llevar por pensamientos. ¿Alguna vez te pasó? Estar bien, y al minuto estar mal porque empezaste a pensar en algo destructivo? ¡Mirá el poder que tiene la mente que te cambia el estado de ánimo! ¿Le vas a seguir creyendo? ¿O vas a empezar a darte cuenta de que tu realidad no es tan infernal como te dice tu mente, que vos no estás tan mal como te dice tu mente, y empezar a tomar la realidad como es sin juzgarla con un látigo?

Antes de conectar con la esencia de la vida, cuándo estaba envuelta en la peli, en la ilusión, todo el mundo tenía la culpa de mi malestar. Me ponía de mal humor que me hablaran a la mañana, que me trataran bien, que me trataran mal, que me dijeran la verdad, que me mintieran, que pensaran en mí, que no pensaran en mí. Todo el mundo estaba MAL y eso hacía que yo estuviera mal. Cuando le conté a mi mamá que estaba escribiendo este libro, me preguntó: ¿vas a contar lo insufrible que eras?

Fue mucho trabajo el desligarme de la dinámica víctima. Porque cuando todo te molesta, cuando encontrás fallas en todo, estás siendo víctima, y ninguna víctima realmente triunfa en su realidad.

Acá estamos para triunfar en nuestro mundo.

Cuando empezás a tomar las cosas por lo que son, sin darle tu toque picante que alimenta el drama en tu vida (que admitamoslo, nos encanta el drama, somos adictos), te desligás de muchos problemas. Dejás de juzgar tanto al resto, al mundo, a la política, porque entendés que las cosas son como son y chau. ¿Para qué hacernos tanto rollo sin sentido? Y lo más importante de esto es que por una vez en la vida vas a aprender a soltar el látigo con vos misma y con la vida.

¿Qué pensamientos sobre tu realidad hoy te están desconectando de la paz? ¿Cómo te sentirías en este momento si pudieras disolver esos juicios?

.................................................................................

.................................................................................

.................................................................................

.................................................................................

*Aceptar tu realidad, estar en paz con tu realidad, no significa que no puedas querer cambiarla. La verdadera transformación de la realidad solamente ocurre a través de la aceptación. Aceptando lo que es, permitís que lo que está más alineado a tu corazón florezca.*

"Aceptar no es resignarse, es ver la realidad tal y como es para afrontarla mejor." - Emilio Varcarcel

Muchas veces me preguntan: beibi, ¿cómo acepto mi realidad si en realidad no me gusta? Gustar o no gustar tiene que ver con el juicio, con la opinión, que ya sabemos que te quita paz. Es inevitable, pero romper el piloto automático de la opinión te va a ayudar a conectar con tu paz. No hace falta que opines sobre todo, que lo juzgues todo.

Diferente es la aceptación, que va más allá de si te gusta algo o no, de si te gusta tu realidad o no. La aceptación es permitir que tu vida respire, que tu situación sea como es. Sin darle latigazos constantes que resultan en crear una cárcel de lo que te toca vivir.

La aceptación es permitir que las cosas sean: dejar que tu vida sea y dejarte a vos ser.

La aceptación en realidad te libera del sufrimiento de tus pensamientos, y cuando te liberás de ese sufrimiento tenés acceso a tu energía para alinear tu realidad al potencial que llevás dentro tuyo.

La pelea con tu realidad solamente te quita energía y genera una guerra, en vez de una resolución para encarar el progreso. No hace falta rechazar tu situación actual para cambiarla.

Conservá tu energía sagrada para darle el empujón a los cambios que tu ser necesita para seguir evolucionando.

Así que aceptá tu realidad, hacé las paces con ella, y liberá el espacio para que florezca lo que tenga que florecer.

¿Que hechos en tu vida no aceptás hoy? ¿Cómo te vas a sentir una vez que los dejes ser? Abandoná la pelea. Todo es perfecto en el ahora, si no, no sería.

........................................................................................................

........................................................................................................

........................................................................................................

........................................................................................................

## 29

*Cada uno hace lo que puede con lo que tiene, y vos también.*
*Sé paciente, tenete compasión, teneles compasión. Aprendé a*
*perdonar a las personas; también tienen mucho aprender y mucho*
*que vivir. Aprendé a perdonarte; no nacés sabiendo todo, y cada*
*experiencia de vida te ayuda a crecer y acercarte más al amor.*

**El perdón es la liberación.**

Esta consciencia de observadora me permitió perdo-
narme, e inevitablemente, perdonar a quienes creía
que me habían lastimado. Luego entendí que yo misma
era la persona que más me había lastimado. Sosteniendo
pensamientos horribles sobre mí. Dándole play a escenas
que tendrían que haber quedado en el pasado. Diciéndome
cosas feas. Desgastando mi cuerpo, mi alma. Entregándole
autoridad sobre mi bienestar y valor personal a los demás,
en vez de a mí misma.

Supe perdonar a los personajes de la metáfora que me
trajeron a donde estoy hoy porque entendí que todos co-
creamos situaciones en donde hay aprendizajes que incorporar. De nada me sirve juzgarlos, castigarlos, y de nada
me sirve creer que estaban todos en mi contra. ¿Ves cómo
la mente te genera una película dramática? Entendí que
cada persona lleva su propia historia, sus propios karmas,
sus propias lecciones, sus heridas, etc. Todos hacemos lo

que podemos con lo que tenemos (con nuestra historia, con nuestros miedos, nuestras heridas). ¿Cómo voy a pretender que alguien haga por mí lo que necesito para no sentirme amenazada? Cada quien está viviendo su propia experiencia, y si eso interfiere con la mía, que sea lo que tenga que ser, naturalmente.

A veces a nuestra parte herida no le gusta entender esto. Antes, cualquier entendimiento que me sacara de mi posición de víctima me molestaba (aunque fuera muy inconsciente). En lo consciente, eran justificaciones sin fin de por qué "ellos eran los malos" y yo "la víctima". Pero cuando incorporás este aprendizaje, y comprendés que literalmente estamos todos en la misma, buscando algo que algunos saben, es el amor infinito e incondicional, te liberás del odio y del rencor que solamente funcionan como veneno dentro tuyo que te impide avanzar.

Hasta llegar a ese punto, de revelar esa energía que existe dentro tuyo, en todo lo que ves, en todo lo que vivís, vas a atravesar seguramente una montaña rusa, o no, pero si vos vivías en la inconsciencia, está claro que los personajes de tu metáfora también van a estar en la inconsciencia.

En mi historia personal, tuve que pedir disculpas. Algunas disculpas personalmente, otras, energéticamente. Muchas veces señalamos con un dedo, lloramos apuntando a alguien, sin parar a mirarnos al espejo. No tiene nada de malo reconocer cuando nos equivocamos, cuando actuamos alejados del amor, cuando pensamos solo en nosotros y no en los demás. Pedir disculpas y disculpar es ponerse la mano en el corazón y decir: "reconozco que sos humano y reconozco que yo también soy humana". Es humildad. Y más importante, es responsabilidad.

Perdonar te libera. Te libera de las cadenas pesadas que se forman con el rencor, que te impiden seguir adelante. Muchas veces no queremos perdonar, porque lo que nos hicieron fue muy fuerte, porque nos destrozaron, porque perdonar implicaría perder la batalla. Haciendo eso, solo generamos más malestar dentro nuestro. Porque la persona y la vida de la misma, quedan intactas, perdonemos o no. La única vida que se ve afectada es nuestra propia vida. Entonces, ¿por qué vamos a querer arruinar nuestra vida sosteniendo rencores del pasado? La mejor jugada en esta situación es perdonar y seguir bailando en la vida con liviandad.

No perdonar te deja en la posición de víctima, y esa posición por más confortante que sea, no te deja asumir el poder y la responsabilidad de tu vida. Es un constante depender de lo que lo exterior haga, diga, opine, piense. A la larga, estar en posición de víctima deja de ser tan cómodo porque te das cuenta que vivís en debilidad: no vivís por vos. Acá estamos para vivir por nosotros.

¿A quiénes liberás hoy de tus condenas mentales, y por ende, te liberás a vos?

.......................................................................................................

.......................................................................................................

.......................................................................................................

.......................................................................................................

Cuando empezás a ser más consciente, también empezás a hacerte responsable de tu vida, de tus actos.

*Parte de este camino de poder personal, de autenticidad, implica pasar de la victimización a la responsabilidad. Asumir la responsabilidad de tu vida te posiciona en un lugar de poder y expansión, la victimización te hace quedar en un lugar pequeño sin avance. Cuesta romper la barrera entre la victimización y la responsabilidad, pero es una liberación total.*

"Sos responsable de tu vida. No podés seguir culpando a alguien más por tu disfunción. La vida se trata de seguir adelante." - Oprah Winfrey

Cuando me empecé a hacer responsable de mi vida, junto a toda esta revelación, entendí que había mucho que no estaba en mi control pero también había mucho que sí. Mis acciones, mis palabras, mis vínculos, mis hábitos, mi foco de energía, todo eso estaba en mi control y fue momento de dejar de pretender que no era así. Fue momento de dejar de fingir que no tenía poder sobre mi vida y junto a eso, vino la responsabilidad. Cuando asumís la responsabilidad que tenés y el impacto que tenés en tu propia calidad de vida, dejás de ser víctima.

Antes, era víctima de lo que escuchaba que decían de mí, de lo que creía que pensaban de mí, de lo que sucedía a mi alrededor, de lo que la gente "me" hacía, de lo difícil que era convivir con mi familia, del desafío que era la universidad, de lo difícil que era vincularme con la gente, de la poca consideración que me tenían en el laburo; la lista podría ser eterna.

Cuando empecé a ser consciente del poder que tengo (que tenemos) en nuestra vida, entendí que todo lo exterior sólo tenía tanta autoridad porque yo misma se lo daba. Yo misma permitía que lo que percibía entrara directo a mi energía, sin filtrar con inteligencia emocional y consciencia de mi ser.

Junto a la responsabilidad, empecé a ver las cosas como eran, quité a las personas de un pedestal, y me puse al nivel de todo lo que me rodeaba. Eso también implicaba quitarle el peso de importancia que le daba a lo externo y poner ese peso a mi propio discernimiento. Implicaba darle voz a mi propio ser y reconocer su autoridad.

Entendí que no era la responsabilidad de nadie hacerme feliz, complacerme, hacerme sentir acompañada, sentirme linda, aceptada, etc. Era y es mi responsabilidad. También es la tuya.

Cuando le quitás esa responsabilidad a la gente, no solo mejoran y se balancean tus vínculos, si no que dejás de tomarte a pecho lo que hace y dice el resto. Los ponés al mismo nivel que vos. Entendés que solo te afecta lo que dicen y hacen porque pensás que todo el mundo debería estar pendiente de tu bienestar, cuando la única persona que debería estar pendiente de su bienestar sos vos misma.

Hacerte responsable de tu vida significa afrontar los desafíos de la vida con postura de paz, en eje, en vez de dejarse llevar por ellos como ola de tsunami, cayendo en una posición de víctima.

Lo que al ser humano no le suele gustar de hacerse responsable es que le toca poner su bienestar en sus propias manos. Dejás de culpar al resto, dejás de justificar tu malestar con cosas externas. Tenés que "tragártela" y hacerte cargo de tu malestar. Tenés que limpiarte tus propias lágrimas de cocodrilo, no mostrárselas a todo el mundo para que valide tu incomodidad y dolor, y seguir adelante.

Hacerte responsable es asumir el dolor sin la vuelta de drama y seguir por el camino que es para vos. Con esto no quiero sonar mala onda. Pero la cantidad de energía que perdemos con victimizarnos es tremenda.

Empezás a ser generadora de tu propio bienestar, tus propias opiniones sobre vos. Pero el poder y el crecimiento que ganás cuando entrás en contacto con tu responsabilidad, no tiene precio.

Si yo no me empezaba a hacer cargo de mi vida, ¿dónde estaría ahora? Quizás en algún país lejano, escapandome de cada crisis que siento que me viene a matar, sin confianza, sin fé, destruida. Obvio que hubiese sido más fácil dejarme llevar por la corriente de que "el mundo está en mi contra", "nadie me quiere", y "por eso no puedo avanzar".

Gracias a que tomé responsabilidad por mi vida pude salir del pozo que yo misma estaba cavando.

¿En qué situación hoy te incomoda asumir la responsabilidad? Tu crecimiento es por ahí.

*Cuando nos quejamos no nos responsabilizamos por nuestras necesidades. La queja simboliza la incapacidad de hacerme cargo de mis propias necesidades. Pierdo mucha paz cuando me quejo, y gano mucho malestar. Recupero mi bienestar cuando me hago cargo de mis necesidades.*

"El pesimista se queja del viento. El optimista espera que cambie. El realista ajusta las velas."

Parte de la responsabilidad en la vida de uno mismo, implica abandonar la queja como norma de vida. La queja nos engaña: nos hace creer que tenemos la razón sobre el mundo– todo está mal y por eso no puedo estar en paz. Lo que en realidad simboliza la queja en nuestra vida cotidiana, es la falta de atención a mis propias necesidades. Simboliza la entrega de mis necesidades a lo exterior, en el otro.

La queja nos mantiene en un lugar de poco poder personal, poca flexibilidad. El poder personal es ser flexible, es abandonar la rigidez de la debilidad y entregarse al poder que reside en nuestro interior. El poder llevado a nuestra vida se manifiesta de forma suave pero poderosa.

Se trata de "tragarse" el orgullo de la queja, creyendo que tenemos la razón de por qué estamos mal, y hacernos cargo de lo que podemos en cada situación.

Vivimos en un mundo que no podemos controlar. Hay factores externos que influyen, y un montón. No podemos controlar todo. Lo que la queja nos pregunta es: ¿qué es lo que sí puedo modificar dentro de esta situación que me disgusta?

En un mundo donde hay tanto que está fuera de nuestras manos, nuestra responsabilidad es acompañarnos a atravesar lo incómodo (y lo cómodo también) de la mejor manera posible. La queja te victimiza, la responsabilidad te empodera. No es tanto qué sucede alrededor mío, si no el rol que yo elijo ocupar en la vida.

Por ejemplo: si tengo calor, y me quejo constantemente de que tengo calor, la paso mal. Estoy en una dinámica en la que tengo razón, porque hace calor y lo reconozco, y porque hace calor yo no puedo estar en paz. ¿Cómo puedo usar la queja para transformar mi situación? Quizás puedo sumergir mi cara en un bowl con hielo, o darme una ducha de agua fría. Eso es lo que yo puedo hacer dentro de mi situación para ocuparme de mí y recuperar mi paz. No puedo correr una cortina sobre el sol ni mudarme de país en ese momento, así que hago lo que puedo. Claro que hablo desde mi perspectiva y circunstancias, cada quien hace lo que puede en su circunstancia.

Me considero una quejosa en rehabilitación. Es mi especialidad: la queja. Lo tengo todo, y sin embargo, siempre puedo encontrar algo de qué quejarme. Hace relativamente poco me di cuenta del drenaje de energía que me genera la queja. Cuando empecé a ocuparme de mis necesidades en cada situación que me incomodaba, empecé a sentir una estabilidad que no conocía. Mis vínculos florecieron, volví a ser yo. No sé en qué momento había dejado de serlo, pero esa paz, esa sinfonía de tu corazón en paz, no tiene precio.

Probá hoy, o cuando nazca la oportunidad, analizar tu queja. Agarrarte en el momento de la queja e identificar cuales son tus necesidades. Luego, preguntate de qué necesidad te podés ocupar vos en tu situación. Seguro encuentres muchas que estén fuera de tu control, pero seguramente algo podés hacer por vos que esté dentro de tu control. Hacelo. Tragate el orgullo y hacelo. Fijate cómo te sentís cuando atravieses la incomodidad de no sostener la queja.

La queja indica donde no nos hacemos cargo de nuestras necesidades, y como gente sumamente sensible que somos, respetar nuestras necesidades es clave para florecer a diario.

¿Qué te genera queja hoy en tu vida? ¿Qué podés controlar vos en esta situación para acompañarte?

..............................................................................................

..............................................................................................

..............................................................................................

..............................................................................................

*Tus necesidades son reales, no son una exageración, y son esenciales para mantener un estado mental y emocional sano. Tus necesidades crean los límites en tu realidad, los que necesitás para que tu esencia salga a la luz.*

Mis necesidades son la base firme sobre la
cual puedo relajarme y florecer.

Cómo te conté anteriormente, la queja indica dónde no nos hacemos cargo de nuestras necesidades. Esto resulta en malestar, en culpar al otro, culpar al mundo.

Si estás en este camino, probablemente seas una persona altamente sensible. Esto indica, que tenés mucha sensibilidad ante los estímulos externos, y mucho de la queja en realidad nos indica donde necesitamos extra atención, donde tenemos una necesidad, justamente porque sentimos todo mucho.

A la hora de hacer consciente la queja, podemos hacer conscientes nuestras necesidades. Aquello que necesitamos para mantenernos en eje. Las necesidades nos ayudan a encontrar los límites que debemos respetar para el mejor desarrollo de nuestro ser.

Al principio de mi camino, a medida que me iba haciendo más sensible, mi queja aumentaba. Mi tolerancia había disminuido. Ya no era "todo terreno" como lo era antes. Me decepcionó, porque se suponía que tenía que convertirme en Buddha. No entendía que en realidad estaba encontrando mis necesidades; por ejemplo: estar mucho tiempo sola entre juntada y juntada social. Tiempo de desconexión y relajación para funcionar. No tolerar ruidos muy fuertes. Hacer una cosa a la vez. Tomarme mi tiempo para hacer cada cosa, conectar de corazón a corazón en mis vínculos. Estas son características de personas altamente sensibles, mis necesidades, entre tantas otras. Pero antes de llegar a conocerlas, atravesé muchas situaciones desagradables: forzar a mi cuerpo a funcionar sin descanso, obligarme a estar en lugares llenos de gente y con mucho ruido, entretener vínculos con cada persona que quería ser parte de mi vida. Esto desembocaba en queja, en falta de energía; y más vale que no iba a tener energía para mí y para mi esencia.

No sos mala onda por tener necesidades y respetarlas. Esa es una lección que tuve que aprender. Mala onda es ir como un barrilete por la vida por no saber qué necesitas para mantener cierto orden, y después explotar por una gota que rebalsó el vaso.

Asumir la responsabilidad de tu vida también es esto. Ser la persona que la dirige. Si vos no pones las pautas en tu vida, las demás personas las pondrán por vos. A veces puede no caer bien, porque todo el mundo es distinto y mucha gente no va a comprender lo que vos necesitás. Pero la única persona que vive tu vida sos vos. Así que mejor de antemano establecer tus límites y evitar explosiones innecesarias que te sacan de eje.

Muchas veces nos suelen llamar dramáticos, o exagerados, por tener necesidades que no son las comunes. Sabé que son exactamente lo que vos necesitás para florecer. Que no lo entiendan no significa que no sean reales. Vos elegís: conocer y respetar lo que necesitás para seguir brillando y florecer, o negar lo que necesitás y apagarte.

Empezá a reconocer qué cosas te generan queja; de qué te podés ocupar vos, identificá tus necesidades y establecé límites claros para llevar una vida cotidiana más armoniosa.

*Tu vida es tu responsabilidad. Tus acciones generan resultados en tu vida. Ocupate de tener acciones amorosas hacia vos y coherentes con tus objetivos. Solamente a través de tus acciones vas a poder recrear tu vida.*

"Si buscas resultados distintos no hagas siempre lo mismo." Albert Einstein.

Podés leer mil libros, escuchar mil conferencias, asistir a un millón de talleres, pero si vos no cambiás tus acciones, tu realidad nunca va a cambiar. Eso es algo que tuve que aprender a la fuerza.

Durante mi noche oscura del alma, que igualmente no es un momento para hacer cosas, sino más bien ser, me frustraba porque no veía los cambios que quería. Tenía muchísima teoría de todos los temas trascendentales del alma, de la vida, y sin embargo, mi realidad estaba gris y vacía.

Solamente en el momento en que empecé a accionar distinto, empecé a ver una realidad distinta. Tu realidad sigue igual cuando siempre hacés lo mismo. Y si no te gusta tu realidad, entonces tenés que hacer algo distinto para cambiarla.

Las acciones no tienen que ser enormes y grandiosas. Las pequeñas acciones del día a día le van dando forma a tu nueva vida. En su momento, a mí me hizo mucha diferencia una caminata diaria, empezar a cuidar mi pelo, estudiar algo. En su totalidad, le dieron forma a una realidad que me empezaba a agradar, que me inspiraba, que me potenciaba. Como efecto dominó, el resto de mis acciones comenzaron a alinearse a esta nueva vibra.

De repente me gustaba mucho quien era, cómo me veía, cómo pensaba, cómo era mi vida.

De repente la gente empezó a acercarse a mí, cosa que nunca me había pasado.

De repente me creía mil, cosa que nunca me había pasado.

De repente sentía que no estaba tan perdida, cosa que nunca me había pasado. Yo misma fui creando un camino nuevo para mí. ¿Cómo? Acción tras acción.

Hoy en día también me pasa que me descuido y mi realidad de repente no es tan habitable como antes. Ya sé que para cambiarla tengo que accionar distinto a como estoy accionando en el momento presente. A través de un par de acciones, vuelvo a encaminarme de nuevo.

El desafío con este tema es que tenemos que identificar cuando accionamos en contra de nuestra paz, con un fin egoíco, que nos satisface a corto plazo pero nos hace daño a largo plazo. Es muy tentador caer en saciar las inseguridades, los miedos, la soledad, ahí solemos accionar de manera herida, incoherente, y eso siempre resulta en una realidad vacía.

En cambio cuando soy consciente de que estoy accionando de manera herida, por eso mi realidad está como está, puedo tomar la decisión de ir en contra de mis impulsos para saciar alguna insatisfacción momentánea, priorizando mi paz a largo plazo. Esto implica tomar decisiones responsables y coherentes. Accionar de manera madura a pesar del impulso.

Tus acciones le dan forma a tu realidad. Alineá tus acciones a tus objetivos. Aprendé a bancarte la incomodidad momentánea. Accioná con autoridad y dirección.

¿Qué acciones podés tomar hoy para acompañarte a seguir floreciendo?

.......................................................................................................................

.......................................................................................................................

.......................................................................................................................

.......................................................................................................................

*Los problemas en el mundo humano son inevitables.*
*Pero justo como hay problemas, también hay*
*soluciones. Los obstáculos que nos encontramos en*
*el camino nos redireccionan hacia un camino más*
*adecuado para nosotros. De eso no tengo dudas.*

Los problemas tienen el poder
que vos les das.

Siempre vas a encontrar una razón para estar mal: siempre. Vivimos en un mundo humano y las oportunidades para echarle la culpa a cosas externas por nuestro malestar son infinitas. Somos adictos a los problemas. ¿Te diste cuenta cómo cuando tenés un problema, lo solucionas y la satisfacción dura poco? En un abrir y cerrar de ojos tenemos otro problema delante nuestro, y otro problema, y otro problema, y así vamos arrastrando una constante insatisfacción con la vida.

Algo que aprendí, es que es indispensable lograr convivir con todo lo que podemos percibir como un problema, si es que deseás tu paz. Nada ahí fuera tiene el poder de controlar tu estado de ánimo si vos no se lo das, mucho menos un "problema" de la vida cotidiana. Mejor, podemos ver estos hechos como cosas que resolver, en vez de verlos como hechos que vienen a destruirnos. No hace falta querer nuestros problemas, simplemente aprender a estar en armonía con ellos sabiendo que se solucionarán, como todos.

Dentro de mi fuerte sentir, combinado con mi debilidad personal, cómo navegué mis problemas en un pasado, me hizo aprender hoy que nada es realmente tan importante como mi paz. Solía dejar que los inconvenientes de la vida me tiraran abajo, perdiendo total poder sobre mi vida, sintiéndome mal conmigo y con la vida. Luego, cuando se resolvía, estaba bien momentáneamente, y por naturaleza lograba encontrar otro inconveniente que me tirara abajo. Era un círculo vicioso.

Parte de la reconstrucción una vez que tocaste el inframundo y luego conociste el amor, es aprender a convivir con los inconvenientes que te presenta la vida. ¿Es incómodo? Sí, lo es.

Es incomodo no echarle la culpa a algo y no poder sacarse de encima la responsabilidad de estar bien, de resolver problemas, de ser una persona autosuficiente sin queja. Suena lindo y lo es, pero a la hora de hacerlo, es más fácil rezongar y no hacernos cargo, y revolcarnos en la debilidad que nos pueden generar los problemas. ¿Es desafiante? Claro, la incertidumbre sobre si algo se va a resolver o no es real.

Pero la vida humana la vamos a transitar igual. Los problemas van a estar igual. Acá estamos. Con obstáculos, con milagros, con risas, con lágrimas. Surfeamos la ola en vez de dejar que nos arrastre a la orilla. Está en nuestras manos y merecemos estar en paz.

¿A qué problema le estás dando demasiada vida, que te separa de la paz?

........................................................................................

........................................................................................

........................................................................................

........................................................................................

# 35



*Juzgar la experiencia de otra persona solamente refleja el nivel de juicio que sostenés con vos mismo. Cuando dejo de condenarme por mis errores, suelto el látigo con el otro. Cómo me relaciono conmigo, es cómo me relaciono con el resto.*

"La cosa más difícil es conocernos a nosotros mismos; la más fácil es hablar de los demás." - Tales de Mileto

Mucha parte de mi vida me la pasé criticando al resto. Lo admito. Que tal era una puta, una loca, una fea, una busca atención… ja. Solamente era un reflejo de lo que yo llevaba por dentro. Se habla mucho de la ley del espejo, pero ¿qué tanto la entendemos?

No entendía por qué era tan mala con las personas. No mala directamente, pero sí criticona. Muy criticona. No es que me caía mal la gente, sino que no podía parar de juzgarla. Intenté aplicar la ley del espejo múltiples veces. "Lo que opino del otro es lo que opino de mi mmm", "Lo que opino del otro es lo que opino de mi mmm", … pero nunca me cerró. Lógicamente tiene sentido, pero no resonaba en mi interior esta teoría.

Lo que sí me fui dando cuenta con el tiempo es que yo latigaba a las personas porque a MI misma no me daba un respiro. Me condenaba a muerte por mis "errores" y defectos. Lo mismo iba a hacer con el resto, obvio, por más que los suyos fueran distintos a los míos; eran pecados en fin. ¿Y quién soy yo para juzgar el pecado del otro? Pero justamente porque juzgaba tanto MIS pecados, no soltaba el látigo con el resto.

Cuando entendí esto, probé dejar pasar mis errores y defectos. Sí, ya fue. ¿Qué tiene si soy medio intensa y rara y loca? Ponele. Lo dejo pasar. ¿Cuál hay? Por un toque me permito soltar ese peso sofocante de perfección. Y es liberador.

Inmediatamente, pensé en alguien que suelo juzgar bastante y apliqué lo mismo: qué tiene si es una careta, superficial? Si puedo soltar el látigo conmigo, puedo soltarlo con ella. Y de repente los juicios no tienen ningún tipo de valor. El valor que tiene, el peso que tiene el juicio sobre el otro, no es la etiqueta en sí, sino el latigazo que le das, que es puramente latigazo hacia vos misma reflejado en la experiencia del otro.

La próxima vez que te encuentres juzgando al otro, con ese látigo intenso, preguntate: ¿de qué manera me estoy latigando a mí sin darme un respiro? Cuando aprendas a darte un respiro a vos, vas a aprender a darle un respiro al otro. Como es adentro, es afuera, siempre.

Ejercicio extra: identificá aquellas cosas por las que te juzgás normalmente. Nombralas, describilas. Ahora, por un momento soltá ese látigo. Sacale el peso energético que lleva el látigo hacia tu ser cuando te aferrás a tus juicios. Permitite liberarte por 5 minutos y respirá. Ahora, pensá en alguien que solés juzgar bastante. Identificá los juicios que le adjudicás, sin darle el peso energético del látigo. Solamente identificalos como palabras sin valor, exactamente como lo hiciste con vos. Viví cómo realmente si soltás el látigo con vos, lo soltás con el resto.

Cuando te puedas perdonar a vos misma por todo aquello que sentís que no te hace una persona de valor, vas a perdonar sin problema al otro.

> Aceptarse a uno mismo es entender que no hace falta ser perfecto para estar en paz. Aceptar al otro es entender que no hace falta que sea perfecto para que también esté en paz.

¿De qué manera enjuiciás al otro?

.......................................................................................................

.......................................................................................................

.......................................................................................................

.......................................................................................................

¿De qué manera te latigás a vos mismo?

.......................................................................................................

.......................................................................................................

.......................................................................................................

.......................................................................................................

*"Lo que dice Juan de Pedro, habla más de Juan que de Pedro". Lo que opinás de otra persona, tiene más que ver con tu propia vida que con la de la persona y viceversa. Vivimos en un mundo de proyecciones, donde lo que vemos es plenamente una idea nuestra y está lejos de la objetividad.*

"Nuestro inconsciente se proyecta en otros. Criticamos a los demás para no ver nuestras propias carencias." - Carl Jung

Como les había contado, lo que decían de mí, me importaba MUCHO. Me destruyó la autoestima; o quizás mi autoestima era nula, y yo misma generaba situaciones que confirmaran mi realidad. Más allá de si lo que decían era verdad o no, yo me comí el cuento de que era verdad. Sin consultar con mi interior. Sin estar en contacto con esa energía amorosa que está disponible en cada uno de nosotros. Claro, si todavía seguía viviendo en piloto automático, en la inconsciencia.

Cuando reconocí el poder que tenía (a ver, nada había cambiado, nadie vino a traerme flores, nadie vino a charlar conmigo respecto a todo lo que había sucedido, de hecho, viéndolo objetivamente, estaba todo bastante seco y gris, simplemente me la di contra la pared y supe que la manera en que estaba viviendo no me resultaba), recuperé esa energía que había regalado, y me centré en mí.

Cuando le das tanto poder a la palabra del otro, sos como una planta débil que se mueve de un lado para el otro con el viento, el viento siendo la palabra ajena. Cuando te das cuenta de que lo que dice un otro y cómo lo dice tiene que ver más con el otro que con vos, pum, sos como un árbol de 200 años plantado en el medio de una plaza urbana. No digo esto para no hacernos responsables de nuestro ser. Ya hablamos de la responsabilidad que tenemos una vez que renacemos. Una vez que despierta tu parte inconsciente.

Digo esto porque no tiene sentido tomar como la verdad, la verdad de otro. Cada persona tiene su propio lente a través del cual percibe el mundo y no es tu responsabilidad ajustar/modificar el lente con el que te perciben a vos. Cuando le das importancia a lo que opinan de vos, es una forma indirecta de tratar de controlar ese lente. Sino, ¿por qué te preocuparía? Es imposible cambiar la perspectiva que tiene alguien sobre nosotros. Es muy posible poner el foco de atención en nosotros mismos y ayudarnos a crecer, y es lo que más nos conviene a nosotros y al mundo.

Cuando te tomes algo personal, podés usarlo como herramienta de autoconocimiento. Todo lo que transitamos en esta experiencia humana puede ser usado como herramienta para seguir aprendiendo sobre nosotros y seguir creciendo. Cuando alguien dice algo que nos afecta, no nos afecta el hecho en sí (el hecho en sí es solo un hecho). Nos afecta porque algo de lo que dijo resuena con algo que llevamos dentro. Quizás con algún pensamiento o juicio destructivo respecto a nosotros mismos, o algún aspecto nuestro que tanto rechazamos. No es algo malo ni bueno.

Simplemente es una forma más de conocer nuestro interior, nuestras heridas, nuestras inseguridades, nuestros lados que todavía faltan iluminar con amor.

Cuando alguien me critica, me bardea, opina sobre mí, y me lo tomo personal, en vez de quedarme en posición de víctima, reconozco que algo de lo que escuché resonó en mi interior. Entonces me pregunto a mí misma, ¿por qué me dolió/afectó esto? ¿en qué aspecto puedo mejorar? ¿Por qué puedo estar teniendo este comportamiento no tan copado? Esto que me dijeron, ¿qué está mostrando en mí que todavía está alejado del amor?

Ahora, mucha gente va a criticar, hablar, etc. Sin que eso resuene con vos. En ese caso, es reconocer que cada quien dice y hace lo que quiere en base a su propio lente de vida y de nada sirve aferrarnos a una verdad ajena que ni coincide con lo que pensamos y sabemos de nosotros mismos.

Al final del día somos humanos. Muchas veces somos humanos chusmas, o sea que opinamos y hablamos porque se puede y porque nacimos conociendo esa costumbre. Es natural en la sociedad en la que vivimos el hablar del otro; más allá de si está bien o está mal. Lo que es esencial recordar en este camino de autoconocimiento, es que la palabra del otro no te define, al igual que tu palabra no define al otro. Quiero que te acuerdes de eso siempre. Puede doler, puede pinchar, puede perforar la autoestima; pero no te define, y lo que te afecta es porque te identificás con eso.

¿Qué opinión ajena te tomás personal?

..............................................................................................

..............................................................................................

..............................................................................................

..............................................................................................

¿De qué manera podés usar esa resonancia para seguir creciendo?

..............................................................................................

..............................................................................................

..............................................................................................

..............................................................................................

# 37

*Muchos vínculos van a quedar raros. No siempre somos nuestra mejor versión. Todos tenemos cosas a trabajar, a sanar, y hasta hacerlo, cuando actuamos desde un lugar herido, de miedo, de inseguridad, no damos lo más luminoso de nosotros. Y está bien.*

A veces vamos a ser el héroe, a veces el villano. Es natural en la dualidad de la vida humana.

Y muchas otras veces, sí vamos a tener cositas, temitas a trabajar. Cómo les mencione en la primera etapa, todos tenemos heridas, y cuando esas heridas están a flor de piel sin consciencia, actuamos de manera herida.

En algún momento de la vida, terminamos siendo el villano en la historia de alguien. Todos estos encuentros tienen el propósito de impulsarte a ver lo que todavía necesita amor dentro de tu ser. Nada más.

Nadie verdaderamente quiere ser un villano, si no que estamos todos aprendiendo, pero cuando interactuamos desde el miedo, desde la inseguridad, desde la parte más sombría que aún no transformamos, muchas veces generamos una tensión en el vínculo con el otro. O por lo menos, se siente raro, poco auténtico, poco fluído. Es totalmente normal y está bien tener estos momentos.

Es importante reconocer cuando estamos actuando, vinculándonos, desde un lugar que todavía necesita amor, confianza, seguridad. Nos señala dónde todavía tenemos que activar el amor.

¿Por qué hablo de esto? Porque claro, lo que dice Juan de Pedro habla más de Juan que de Pedro, pero a veces Pedro también tiene cosas a laburar. Es un intercambio necesario para ambas partes, para que cada persona se encuentre con su potencial.

Entonces, tenemos que admitir cuando estamos flojos. No porque esté mal, ni porque amerite castigo, ni culpas; solamente para ser conscientes. Nada más. Por dentro, es un proceso de vuelta a casa, es un proceso de autoconocimiento. Por fuera, se ve como una actitud rara. Ponele el nombre que quieras, vos sabes tu verdad. Respetá tu camino, tus procesos, y tus oscuridades. Date el espacio para iluminar las partes dentro tuyo que quedaron a oscuras. Es un proceso hasta tu último día.

¿Qué vínculo quedó "raro"? y ¿Qué te enseñó sobre vos?

........................................................................................................

........................................................................................................

........................................................................................................

........................................................................................................

*La autoestima empieza y termina dentro tuyo. Es una práctica diaria de estar a favor de vos mismo. Es estar presente y disponible para vos, con el corazón bien abierto. La autoestima es estar atento a tus necesidades, a tus deseos, y a tus momentos donde más necesitás tu perdón y compasión. Quererte y valorarte es el primer paso para que el mundo te refleje lo mismo.*

**La autoestima empieza con estar a tu favor.**

Empecé a brillar. Me lo decían. Las pocas personas con las que volví a conectar en mi regreso a Buenos Aires. Lo veía al espejo. Lo sentía en el corazón. Sentía confianza en mí misma. La vida me empezó a emocionar, empecé a atraer momentos de felicidad.

Cuando vivía en la sombra total, se suponía que tenía que tener autoestima. Me rodeaba de muchas personas. A pesar de todo, se podría haber dicho que era una persona socialmente activa. Estaba divina. Pelo rubio platinado. Mis hábitos de ejercicio y alimenticios habían resultado en un cuerpo socialmente venerado. Me iba muy bien en la universidad. Mi familia estaba bien económicamente. Se suponía que tendría que tener la autoestima por el techo. Pero no era así.

Después de haber navegado el inframundo y haber salido viva y renacida, ahí me encontré con una verdadera autoestima. Esa autoestima que vive como fuente energética en tu mundo interno. No tiene nada que ver con lo externo. Claro que se muestra, de adentro hacia afuera, pero nunca al revés. Esta autoestima se siente bien, se siente pacífico. Es esa confianza en vos que no tenés que demostrar a nadie; se demuestra sola a través de los actos más mundanos. La autoestima es cuando tu validación viene por dentro, desde vos misma. Wow, qué power, ¿no?

Cuando me encontré nuevamente en la ciudad que me había detonado, y me encontré reconstruyendo mi vida en ese mismo lugar, me volví y me sentí invencible. Tuve que afrontar lo que había escapado durante años: el ser quien verdaderamente soy en un lugar donde tenía todo para hacerme querer esconderme bajo una piedra. Pero no lo hice. Me di la mano y me acompañé en este desafío. En ese momento, nació la autoestima en mí y entendí que no tiene que ver con nada más que con estar presente para vos cuando nadie lo está. ESO es autoestima.

Para mí, la autoestima es conocerse, es ser tu mejor amiga. La autoestima es hacerte responsable de tu vida, de tus palabras, de tus acciones, de tus objetivos. La autoestima es sostenerte a vos mismo cuando pareciera que todo lo externo quiere tirarte abajo. Bailar en autoestima es confiar tanto en el camino que te toca vivir que vas sin apuro. La autoestima es animarte a salir de lo conocido y cómodo. La autoestima es perdonarte cuando te equivocás y pedir perdón cuando te equivocás con otro. La autoestima es honrar el ser que sos. La autoestima es dedicarle tiempo y energía al conocimiento propio, porque es como regar una planta que querés que crezca en un gran árbol. La autoestima es tomar decisiones responsables, alineadas a tus deseos y objetivos. Pero también, la autoestima es abrazarte cuando te encontrás en un camino desviado. La autoestima es darte a vos lo que esperás del resto. La autoestima es envolverte en un manto de amor incondicional que envuelve todas tus partes, todas las áreas de tu vida.

Una buena autoestima empieza cuando te ves a vos a través de tus ojos, y dejás de medir tu valor a través de los ojos del resto y a través de los ojos de tus experiencias.

La autoestima empieza cuando te dejás abrazar por esa energía del amor que reside en tu interior y te desligás de los juicios que aparecen en tu cabeza. Cuando dejás de castigarte como si fueses un tirano y empezás a tratarte como tu mejor amiga. Cuando a pesar de todo el caos y todas las razones para sentirte mal, elegís estar para vos y entender que merecés sentirte bien.

> "Querete a vos mismo primero y todo lo demás cae en orden. Tenés que quererte a vos mismo para hacer cualquier cosa en este mundo." - Lucille Ball

Construir una autoestima lleva práctica y dedicación diaria. Es algo que se construye y se mantiene todos los días; a través de tu diálogo interno (las cosas que te decís), a través de las decisiones que tomás, a través de tu presencia en tu realidad, a través de autocuidado, y más que nada, a través de tu capacidad de honrarte todos los días.

Lo bueno de saber esto es que podés empezar hoy a construir tu autoestima. Sin que nadie se entere, sin que nadie tenga que hacer ni decir nada para ayudarte. Podés encontrar en cada momento del día, una oportunidad para fortalecer la validación hacia vos mismo. Más allá de tu historia de vida, lo que te hicieron, lo que no te hicieron, lo que hiciste, lo que no hiciste. Hoy tenés todo el derecho de amarte a vos misma y es momento de que empieces a hacerlo.

¿De qué manera podés empezar a estar a favor de tu vida en tu situación actual?

......................................................................................................

......................................................................................................

......................................................................................................

......................................................................................................

Tu camino hacia la autoestima está ahí.

*En la vida, vas a tener que bancarte a vos misma.*
*Vamos a toparnos con muchos inconvenientes,*
*haters, desafíos, situaciones devastadoras, y es*
*importante que seas un apoyo para vos.*

Todo esto que estamos explorando es para construir tu propio apoyo. Y te invito a recordar lo importante que es tenerte a vos para atravesar tu experiencia. Esto significa estar disponible y presente para vos. Tener apertura emocional para encarar cualquier marea emocional que llegue. Estar firmemente abierto a recibir el aprendizaje que llega. De más está decir que buscar un apoyo exterior siempre es bueno, pero no siempre va a estar disponible.

Como escorpiana intensa que soy, suelo desmoronarme, sentir todo hasta los huesos, tengo muchos momentos de intensidad. A veces aparece la oscuridad, toca la puerta, a veces aparece el demonio mental, todo es parte. Como te comenté, es un proceso, la reconstrucción, o más bien, volver a nuestro hogar interior. En esos momentos tuve que aprender a bancarme a mi misma. A respirar conmigo misma a través de todas las mareas emocionales que antes me hubieran ahogado. Cuando necesito, pido asistencia, pido un turno terapéutico. Pero cuando son las 2 am y me vuelve a visitar un demonio, yo tengo que estar ahí para mí.

En esos momentos bajo los brazos de la lucha con lo que me esté molestando y con esos mismos brazos me abrazo. Me doy contención. Hago ejercicios de respiración. Me pongo una meditación. Escribo. Tomo agua (el agua ayuda mucho). Me doy una ducha. Recito mantras. Tengo mi pequeña valija de herramientas en el caso de respirar y estar conmigo misma no sea suficiente.

> Si estoy presente y disponible
> para mí, lo tengo todo.

Hoy en día ya me conozco. Se que en estos momentos necesito silencio y me siento haciendo nada, conmigo misma, respirando, observando todo lo que sucede. Aprendo del momento, aprendo de lo que siento, y una vez que termina, construí un ladrillo más en mi base de poder personal. Porque siempre, siempre, termina.

Aprendé a ser tu apoyo. En los momentos más incómodos y dolorosos de la vida nos encantaría que alguien nos venga a solucionar nuestra situación. La realidad es que eso no va a suceder. La única persona que puede contenerse en verdad sos vos. Y duele un montón asumir esto. Con cada tormenta que pases a tu lado, dándote amor, en vez de lastimarte, vas aprendiendo a darte la mano en la vida.

Si estás atravesando un momento doloroso o incómodo, date un abrazo en este momento. Acompañate mientras procesás el dolor. Escuchate. Tenete paciencia. Sé tu aliado. Practicalo ahora, y te saldrá natural por el resto de tus días.

*Las mareas emocionales son pasajeras. Los demonios que vienen a tocar la puerta de tu mente en algún momento se van. Lo que duele, en algún momento deja de doler. Lo que te irrita en algún momento deja de ser molestia.*

"Esto también pasará" - William Shakespeare.

A esta altura ya te habrás dado cuenta que soy una persona no solo muy sensible si no que también intensa. En mi pasado, como te conté, me poseía por las emociones. Qué venían de la mano de pensamientos altamente destructivos y devastadores para mi. Al no saber cómo manejarme, al creer que era una persona dramática y exagerada por el feedback que recibía de mi entorno, caía en comportamientos autodestructivos. O sea lo opuesto a estar presente y disponible para mí.

En esos momentos creía que me sentiría mal por siempre, que los pensamientos eran verdad y duraderos... claro, después pasan estas "posesiones" y nos olvidamos. Surge algo nuevo. Es momento de registrar esta verdad: que toda ola emocional y mental en algún momento cesa. Pierde intensidad, pierde poder. Entonces, cuando estés en el pico de esa ola, sabé que va a pasar. Por más real y definitivo que parezca, pasa. No tomes decisiones impulsivas cuando sentís una emoción fuerte. Sabé que no es la verdad, sino que es lo que vos sentís respecto a lo que vivís. Y lo que sentís tiene que ver con tu propia historia de vida.

Hagas lo que hagas, pasa. Lo que sucede es que como muchas veces no sabemos gestionar lo que nos sucede en estos momentos de posesiones, tenemos reacciones fuertes, comportamientos autodestructivos, nos desesperamos porque eso termine de una vez por todas. Generalmente se acumula tanta desesperación que luego creamos otra situación desagradable.

En cambio, cuando tenés en la consciencia que todo eventualmente pasa, lo transitás sabiendo que hay un punto final. Por ende, no vas a seguir aumentando tu malestar al escapar ese momento, si no que te ayudas a vos mismo a atravesarlo de la mejor forma posible, con presencia y disponibilidad en tu momento presente, por más incomodo que sea.

Recordá: toda marea emocional y de pensamientos sofocantes, termina. Siempre.

¿Qué estás viviendo hoy que sentís no va a terminar nunca?

Aplicá esta afirmación:

"Esto también pasará".

*Muchas veces sufrimos porque nos encaprichamos sobre cómo deberían ser las cosas, en vez de fluir con la vida. Si pudiésemos reconocer la sabiduría de la vida, trayéndote todo aprendizaje necesario para tu evolución, no nos estaríamos quejando. Sufrimos porque nos aferramos a la idea de cómo tienen que ser las cosas para sentirnos seguros y cómodos, que no es lo mismo que felices y en paz.*

**Lo que es, es como debería ser. Si no, no sería.**

Mucho de mi sufrimiento venía de cómo me tomaba las cosas en vez de ver las cosas objetivamente. Aunque cuando tenés baja autoestima, cuando viviste de todo, cuando tu papel principal es de víctima porque no aprendiste otra forma de vivir, es difícil ver las cosas sin manchar el lente. Es entendible.

Mis pensamientos eran un constante diálogo negativo. Mi lente se había manchado tanto de experiencias que no recibieron consciencia en su momento, que solamente mi cabeza ya era un lugar de sufrimiento. Y ahora que me doy cuenta, mi cabeza era el único lugar de sufrimiento. La vida en sí, fluye, no se detiene a castigarse a sí misma, la vida no se juzga a sí misma. Simplemente es.

Luego entendí que sufría porque tenía ideales ridículos sobre cómo debería ser yo, cómo debería ser la vida, cómo me deberían ver los demás, cómo debería ser mi cuerpo, cómo deberían amarme, cómo me deberían tratar, cuánta plata debería tener, qué tan bien me debería ir en la facultad, cuántos amigos debería tener. Con razón tanto sufrimiento, ¿no?

Cómo vas a pretender estar en paz si en tu cabeza estás constantemente poniendo reglas sobre cómo deberías ser, portarte, no portarte... cómo las DEMÁS PERSONAS deberían hablarte, tratarte, cada cuanto escribirte... cuánto deberías estar ganando de plata, más allá de todo... cuántos amigos deberías tener. Claro que si tu mente ocupa su energía en eso, tu sufrimiento está garantizado.

¿Qué tienen todas estas cosas en común? Que ninguna de ellas está reflejando la realidad. Y cuando sostenemos pensamientos que se pelean con la realidad, sufrimos. Es así de simple. Tratar de controlar, o ser jueza, sobre hechos de la vida, puede darte la sensación de tener poder personal, pero en realidad es todo menos poder personal.

El sufrimiento en la vida cotidiana (no hablo de contextos traumáticos) existe porque estamos tan encaprichados con cómo queremos que sean las cosas, en vez de reconocer que la vida sabe mucho más de lo que vos creés saber que te conviene. Todo lo que es ya es perfecto, y cuando aprendas a aceptar, vas a verlo. Lo que verdaderamente sientas que no está a tu nivel de vida interna, que no es compatible con tus valores, lo podés modificar desde la aceptación.

¿Qué ideal sobre cómo debería ser tu vida en este momento te está desconectando de tu paz?

...........................................................................................................

...........................................................................................................

...........................................................................................................

*Aceptar tu realidad tal como es te libera del sufrimiento del hoy. Aceptar tu realidad es un acto radical de amor hacia vos, y en contra del sistema del castigo. Cuando aceptás tu realidad, tu vida cotidiana comienza a fluir y estás 100% disponible para vos. Lo único que te impide aceptar tu realidad no son los hechos en sí, sino tu capricho de cómo deberían ser las cosas.*

Cuando aceptás tu realidad, la transformás.
Cuando la rechazás, te estancás.

Cuando aceptamos la realidad, lo que es, lo que fue, nos liberamos y nos transformamos. Entramos en un estado de paz mental puro. La aceptación del momento presente, de todo lo que es tu vida en este instante, te libera. Te libera del sufrimiento y transforma tu vida.

Tu vida se transforma a través de la aceptación porque no son los hechos en sí los que tienen que cambiar, si no el vínculo tuyo con esos hechos. Aceptar, y no pelear, va a hacer que florezca el jardín de tu vida.

Seguramente tengas mil razones para decir, "¿cómo voy a aceptar mi realidad? ¡es una mierda!"; pero ahí está la magia. ¿Te pensás que la vida te va a entregar todo en bandeja de oro? ¿Para que no tengas que aprender a aceptar todo lo que es? Todo lo que es y existe ya es perfecto tal y como está en este momento.

Intentá en este momento, hacer de cuenta que los pensamientos que te molestan, perturban, te hacen sufrir, no existen. Que son ficticios. Esos pensamientos que te dicen "no debería estar acá", "esta persona me tendría que amar", "no debieron de haberme traicionado como lo hicieron", "esta carrera es muy difícil para mí", "no soy capaz de hacer nada", etc.

Todo ese ruido mental que inevitablemente te genera sufrimiento, es lo que te bloquea del bienestar. No tu vida en sí. Pobrecita tu vida, ella solo está siendo, la que la pasa mal sos vos al tener esos pensamientos que le dan látigo a tu realidad. La vida sucede igual. La realidad es la realidad. Tu realidad es tu realidad. ¿Por qué creés que lo que vos opinás sobre tu realidad es la verdad? ¿En vez de ver la verdad en lo que ya es?

Mucho tiempo peleé con mi realidad. ¿Quién me iba a enseñar a los 13 años a aceptar mi realidad de la forma en la que lo sé ahora? Y no es algo constante, sino que es una práctica diaria. Para mi, es como rezar. Es todos los días entregarme a mi realidad y ver lo sagrada que es. Es una práctica que a lo largo del tiempo va alimentando esa fe que todos queremos. Esa fe en lo divino, en la magia, en algo más; y, ¿qué mejor que practicar a través de la entrega de todo lo que es?

Algo que siempre recuerdo es que la mente es profesional en buscar defectos o fallas. A veces sirve para poder modificar ciertas cosas. Pero otras veces, lo único que hace es generarnos emociones de sufrimiento en nuestro interior. Por eso hoy en día escucho a mi mente, y rescato solamente lo que me sirve. Tengo momentos en los que mi mente empieza a juzgar mi realidad: "debería lograr más cosas", "debería verme mejor", "debería tener más amigos", "debería ganar más plata", "debería debería", o "esto no debería estar sucediendo", "no me tendría que haber quedado ahí", y así el discurso mental es infinito. Pero vuelvo a entrar en contacto con mi realidad y digo: ¿por qué peleo esto tanto? Estoy donde tengo que estar. Si quiero modificar algo, lo modifico a través de la acción, sin dar tantas vueltas mentales que me generan malestar.

Cuando aceptás tu realidad, estás más cerca de amarla. Más allá de todos los errores que la mente pueda encontrarle. ¿Sabés el poder que reside en amar tu realidad tal como es hoy?

Privilegiados los que aman su realidad de corazón.

Hacé una lista de todo lo que te parece inaceptable en tu vida. Meditá con la lista, y poco a poco, comenzá a aceptarla. Observá cómo se transforma tu vínculo con la vida.

.......................................................................................................

.......................................................................................................

.......................................................................................................

.......................................................................................................

*Nos enseñaron que para ser mejores personas deberíamos castigarnos. Es el método que aprendimos: error → castigo → aprender → ser mejor persona.*

*Lo tenemos automatizado.*

*Pero solo en la aceptación, no en el castigo, podemos verdaderamente florecer y estar en contacto con nuestra mejor versión. Siempre que estemos en el castigo vamos a permanecer en la falta de aceptación propia, sin poder conectar con esa esencia amorosa y compasiva que está en nuestro interior.*

"El hombre puede soportar las desgracias que son accidentales y llegan de fuera. Pero sufrir por propias culpas, esa es la pesadilla de la vida". Oscar Wilde

Junto a la aceptación de lo que es, nos toca aceptarnos a nosotros mismos. Aceptarnos en todas nuestras facetas; en nuestra luz, en nuestra oscuridad. Merecemos soltar la pelea con la idea de quien deberíamos ser y en su lugar aceptar lo que somos hoy. Vivir en la no aceptación propia es como vivir una realidad negando lo más real que tenemos: nuestro ser. Considero que es un acto de violencia personal, aunque tengamos super normalizado el hecho de querer ser todo lo que no somos.

Cuando te aceptás, en el aquí y ahora, te alineás a la paz y permitís que tu ser se expanda. Al aceptarte, se disuelven las autocríticas (o al menos el peso que tienen disminuye), y se hace espacio para el avance, para la expansión. Al desligarnos de nuestros discursos mentales que nos tiran abajo, que nos bloquean de nuestra paz con nosotros mismos, podemos decidir construir discursos amorosos que nos empujen a seguir aprendiendo y creciendo.

La autoaceptación no tiene que ver con ser fanático de todo lo que sos. Simplemente significa no rechazarlo, y eso ya genera una expansión del ser tremenda. Aceptar todo lo que sos, todo lo que te trajo hasta acá, sin juzgarlo. Dejarte ser. Dejar que tu vida sea y siga sucediendo, sin interferir y bloquear tu bienestar con ideas negativas respecto a cómo deberías ser.

La aceptación propia no significa que no tengas nada que modificar o cambiar para seguir acercándote al amor. Al contrario, implica echar luz a tu realidad personal y visibilizar todo aquello que podés alquimizar para seguir creciendo en el amor incondicional. Si nos quedamos en la autocrítica, en el autocastigo, en el autojuicio, nos enredamos en un lío que no nos permite avanzar.

Nuestro impulso al autorechazo nace a partir de la falta de enseñanza de amor propio en una temprana edad. Y justamente como es algo aprendido, lo podemos desaprender y en su lugar, incorporar la autoaceptación. De a poco, ir desafiando esos juicios negativos que tenemos sobre nosotros, sobre nuestro aspecto físico, sobre nuestra forma de vincularnos, de hablar, de pensar, y todo lo que conlleva nuestro ser. Abandonar la comparación que solo alimenta la infinita sensación de insuficiencia. Perdonarnos por lo que hicimos cuando estábamos dolidos, hacia otros y hacia nosotros. El camino de la auto aceptación, que luego se expande al auto amor, es personal y a tu ritmo. Es cuestión de hacer consciente el lugar en donde estas ahora, y cómo podes empezar a ser tu aliado.

Otra cosa es notar cuando aparece la autocrítica y elegir tomarla como verdad o no. Si la tomamos como verdad, podemos usarla como herramienta para mejorar como personas, liberándola y no aferrándonos a ella.

Como te había contado, me encontré en muchas situaciones siendo alguien que no me enorgullece. Era algo que me superaba y me llevaba a estar envuelta en constantes dramas. Me castigué muchísimo. Hay veces que mi nivel de castigo me mantenía en un estado de insomnio por 30 horas. Me resultaba imposible "liberarme de mis pecados". Hasta que un buen día, luego de otra vez haber metido la pata, opté por aceptar el hecho.

Recuerdo que después de un evento de exceso de consumo, que es algo que tuve que cargar y trabajar hasta el día de hoy, me desperté con mensajes sobre cómo había arruinado una amistad, mis amigas (ex amigas) me decían que deje de llamar la atención, y el cierre de todo fue un mensaje diciéndome que nadie me quería y que me vuelva a mi país.

Te imaginarás lo devastador que fue para mí todo esto al saber que solamente quería sentirme bien y en paz. En otra ocasión, me hubiese castigado a morir. Sea con más escape, maltrato emocional y físico. Pero como había repetido ese mecanismo tantas veces y no tenía el resultado esperado, opté por abandonar la pelea conmigo misma y rendirme en mis brazos. Lo acepté. Sí, hice esto, la cagué, estoy aprendiendo todavía y me falta mucho camino, ¿cuál hay?

Inmediatamente la pata de elefante que sentí sobre mi pecho se levantó, y por primera vez en años sentí lo que era soltar el látigo conmigo misma. Así, dejé de pisotearme tanto los pies y entré en contacto con mi amor propio. Obvio que de vez en cuando la cago, somos humanos. Pero el castigo era la causa número uno de mi mal accionar.

En los momentos en que no me acepté, pensé que estaba ayudándome a mejorar. ¿Cómo iba a mejorar y cambiar como persona si aceptaba mis errores? Toda la vida me habían enseñado que si me equivocaba, o había algo que no era agradable de mí, debería castigarme para aprender a mejorar. Lo que me pasa cuando aplico esto es que me quedo en el castigo y no me permito avanzar. Entro en un loop de autocastigo que me baja la energía, me hace sentir mal conmigo misma, y además no me da espacio para tomar acciones conscientes para avanzar dentro de lo que tengo que aprender. Descubrí que avanzo cuando acepto. En el rechazo hay solamente más choque.

"Te has criticado a ti mismo durante años, y no ha funcionado. Prueba halagarte y observa qué ocurre." -Louise Hay

Sea donde sea que estés, aplicá hoy la autoaceptación. Por más de que tengas mil razones para odiarte, castigarte, ya sabes que eso no te lleva a ningún lugar muy joyita.

*No tiene que suceder nada extraordinario para que seas testigo de lo mágica que es la vida. En la vida cotidiana, en los hechos más simples, podés conectar con la divinidad que reside en todo lo que es.*

**Hay mucha magia en todo lo que es, es cuestión de saber mirar.**

La vida cotidiana es mágica ya en sí. Yo solía vivir depositando mi satisfacción en el futuro. La vida cotidiana no me enamoraba, solo me hacía querer con más ganas salir de ese lugar y llegar a un lugar donde sintiera plenitud, satisfacción, abundancia. Soñaba con viajes exóticos, extravagantes. Soñaba con una gran casa, con mis mascotas, familia, un jardín lleno de plantas floreadas. Soñaba con un trabajo que me generara miles y miles de dólares. Soñaba con ser radiante, segura, exitosa, admirada. Soñaba con tener todo "perfecto", y hasta no alcanzarlo, lo que tengo y soy hoy no me satisface. No hay nada de malo en todo eso, de hecho, es genial y manifestarlo es un gran logro.

El tema es la relación que tenía con eso y el pedestal donde lo ponía.

A medida que pasaron los años, nada de eso se cumplía. Nada de lo que yo soñaba y tanto esperaba se cumplió. O lo que yo pensé que me traería finalmente un poco de bienestar, no se cumplió. Otras cosas llegaron, sí. Ahí es donde entra la magia de la vida. Que te va llevando por camino tras camino y vos solo tenés el volante para decidir qué camino querés tomar. Es un poco de tu parte, y un poco parte de la vida.

Pasaban los años y arrastraba esta insatisfacción. La sensación de bancarme el momento presente porque pronto llegaría la verdadera satisfacción. ¿Quién quiere vivir así? ¿Bancandose el momento presente como si el momento presente fuese un error?

El momento presente es hermoso, o así aprendí a verlo y cada día es un milagro para mí. Todo lo que implica la vida cotidiana, es magia. Despertarse un lunes, a pesar de la mala fama que tiene un día más, arrancar la semana con un café caliente mientras escuchás música clásica de fondo. Caminar bajo el sol mientras llegás a donde tenes que ir. Ver a la gente simplemente siendo en las calles. Comiendo algo rico. Trabajando y cumpliendo objetivos. Conociéndote. Explorando tu creatividad. Tenemos tanto de qué disfrutar, ¿para qué poner el foco en algo que no es?

También los días en los que me nubla la desmotivación. Los días que me cuesta salir de la cama, hacerme algo de comer. Los días en los que le pierdo la fe a la vida. Los días en los que me siento tan sola como si fuese la única persona en el mundo. Los días en los que tengo que ser extra cuidadosa conmigo misma y tratarme con gentileza. Esos días de la vida cotidiana también son hermosos. Son parte de esta experiencia humana.

Quizás yo ya estaba delirando con mis sueños, pero esta sensación era constante: el postergar mi bienestar, creyendo que cuando llegaran cosas buenas, yo estaría bien. También, cada vez con mayor frecuencia, hay una idea de que siempre se necesita *más.* Lo que hay hoy no es suficiente para relajarme y disfrutar. Sin darnos cuenta, se nos pasa la vida esperando que llegue el momento en el que digamos: *ahhh, ahora sí puedo relajarme.* Y la posta es que nunca va a llegar con esa mentalidad. Porque siempre, siempre, se "puede más".

Creemos que del otro lado de algo externo se encuentra nuestra felicidad.

Ya sabemos que no es así.

¿En qué estás depositando tu felicidad y bienestar hoy?

..........................................................................................................

..........................................................................................................

..........................................................................................................

..........................................................................................................

*Cuando nos encontramos con un obstáculo, solemos obsesionarnos con resolverlo inmediatamente. Permitimos que las situaciones se apoderen de nuestra paz; como si no encontrarle la solución a un obstáculo significara el fin... Se trata de aprender a estar en paz con el conflicto, sabiendo que todo se solucionará.*

"Con el tiempo, los asuntos se solucionan,
y los que no, te dejan de importar."

Algo que digo siempre, es que a veces tenemos que aprender a irnos a dormir sin haber resuelto el problema que más nos afecta. Esas noches donde tenés algo pendiente que te da ansiedad, que sentís que es el fin del mundo si no obtenés una solución/respuesta inmediata. Cuando tenés miedo, o cuando estás obsesionada con algo o alguien, puede ser un infierno. Pero es de esos infiernos que te fortalecen. Es de esos infiernos que te invitan a ser tu mejor aliada y transitar el momento con vos. Tenés que aprender a dormirte en la incertidumbre, con la certidumbre de que todo se está dando como se tiene que desenvolver. Tu contribución más valiosa en esos momentos es el no intentar arreglarlo todo YA. No forzar tener una solución instantánea.

La energía de esforzarse extremadamente crea resistencia con la situación que tenés delante tuyo.

Hay que dejar que la vida atraviese la situación para que la acomode y saque a la luz aquello que se debe ver, en el momento indicado. Intentar solucionar + mantener el corazón abierto, suelto de resistencias, te acompaña a abrir el camino de mayor fluidez.

No siempre vamos a poder resolver todo ya. Es parte de la vida aprender a habitar la incertidumbre. Lo que sí se puede hacer es crear un espacio en donde se pueda desenvolver la situación de la mejor forma: abriendo el corazón, soltando la pelea, practicando la paciencia. Crear un espacio en donde las respuestas necesarias florezcan solas, junto a tu apertura y deseo de aprender.

Cada obstáculo nos presenta una enseñanza. Estamos en constante aprendizaje, y nadie nunca adquirió sabiduría en un camino tranquilo. Junto a tu postura de paciencia y apertura, abrite ante el aprendizaje que está disponible para vos en tu situación de conflicto.

"Cuanto mayor el obstáculo, mayor gloria hay en superarlo" - Moliere

"¿Qué intenta enseñarme este desafío, este obstáculo?"
Son un par de preguntas que me hago yo frente a una situación así.
"¿Qué me está pinchando?"
"¿Dónde necesito reforzar un poco de lo que me falta aprender?"

A veces el obstáculo me indica que necesito desarrollar paciencia, o fe, o alguna cualidad que le vendría bien a mi persona en el futuro.

También la actitud de hacer fuerza y fuerza para tener algo solucionado, implica una falta de confianza ante tu vida y la vida misma. Es inevitable sentirnos mal cuando nos encontramos en incertidumbre, confusión, pero se trata de recordarnos que la vida es sabia, que todo pasa por algo, y que en el momento indicado se conocerán las respuestas.

¿Hay algo que estás queriendo resolver hoy que te pide paciencia? ¿Qué sensaciones te trae el no solucionarlo inmediatamente?

..................................................................................................

..................................................................................................

..................................................................................................

..................................................................................................

*Vivir la vida humana implica navegar las partes altas de la montaña rusa, tanto como las partes bajas, sabiendo que llevás en tu interior una sabiduría, un eje, que te permite navegar tus procesos, subir, bajar. Recordar tu eje te ayuda a transitar lo que sea que estés transitando, sabiendo que nada es permanente, y vas a ir y volver muchas veces; y no es el fin del mundo.*

"Todo lo que sube tiene que bajar" - Isaac Newton

A pesar de la teoría que sabemos sobre el amor propio y el bienestar, a pesar de las vivencias trascendentales que tuvimos y experiencias mágicas, nadie queda exento de tener momentos en los que estamos en la parte baja de la montaña rusa.

La vida humana es cíclica. Es un sube y baja. A veces tenemos momentos en los que estamos arriba, y a veces estamos abajo.

Es natural.

Quizás estás en un momento donde los pensamientos destructivos pesan más que tu verdad, o tuviste una perdida, un quiebre, o repetiste momentos del pasado en tu cabeza que te llevaron a un estado emocional bajo.

Sea cual sea la situación, vamos a tener momentos en los que no nos sentimos excelentes y es normal. Podés sentirte mal, e igualmente estar conectado a la divinidad, con el amor, con el universo. Solamente, a veces, se nos nubla un poco el canal. Pero el estar mal no implica volver a la inconsciencia total, como tanto podemos temer.

Creo que hoy en día, en lo que yo llamo la secta espiritual, no se puede estar mal. O si se está mal, se romantiza para decorarlo con luminosidad y positivismo extremo. (No tengo nada en contra del positivismo, solo no apoyo el pelear contra los momentos de la vida y no dejarlos ser naturalmente).

Como si realmente sentirte perdida, en la oscuridad, significara perder tu luz. Al contrario, la vida nos pone una y otra vez en esas situaciones oscuras para que recordemos la luz.

Vivimos en un mundo de polaridades para aprender, para seguir creciendo.

Los momentos bajos son grandes maestros. Te invitan una y otra vez a entregarte al amor. Y cuando hablo de esto me refiero a entregarte a la energía que sostiene todo lo que es; a la perfección en lo que parece tan imperfecto.

Estos momentos están hechos para que nos animemos a confiar, a descansar en manos de la divinidad y dejarnos sostener por ella.

Cuando estoy en estos momentos, me acuerdo de cuando estoy enferma. Cuando tengo fiebre, me duele la panza, o estoy engripada. Siempre vuelvo a estar bien. Durante el proceso, lo único real es lo mal que me siento. Y después, me recupero y me olvido de lo mal que la pasé.

Pasa lo mismo cuando tenemos momentos de bajón. En esos momentos quizás no sabemos cómo vamos a salir de ahí, pero sabemos que eventualmente llega a su fin. E igual que hacemos cuando estamos enfermos, que nos cuidamos, que descansamos, que nos alimentamos bien, que bajamos el nivel de estrés, lo mismo podemos aplicar cuando estamos en un momento bajo.

Pronto, se despejará el canal y volveremos a sentirnos en vida.

*Cuando pierdas la esperanza y las ganas recordá tu espíritu expansivo. Mantener un estado de curiosidad y aprendizaje abre caminos. Tomá cada día como una oportunidad de conectar con la energía del amor, con tu interior, y con la magia de la vida. Sea cual sea tu situación, abrite a las enseñanzas que la vida tiene para vos y a todas las posibilidades que hay.*

"La vida de cada hombre es un camino
hacia sí mismo…" - Herman Hesse

Lo emocionante de este camino es que los aprendizajes son infinitos, al igual que las posibilidades. Esta experiencia humana nos invita a descubrirnos todos los días; a descubrir la vida y el universo a través de nuestro ser, a diario.

Se trata de ver más allá de la metáfora, y entender el funcionamiento energético que hay detrás de todo lo que vivimos, y de cómo podemos utilizar todo para fortalecernos y unirnos más al amor.

Cada nuevo día que se nos presenta es una aventura.

Desde el amplio menú de emociones y pensamientos ya podemos encarar un día de autodescubrimiento. Con consciencia y presencia podemos utilizar los hechos de la vida cotidiana para seguir transformándonos y acercándonos a nuestro ser más auténtico.

Sea la impaciencia que nace cuando la fila en el supermercado se extiende hasta el final del pasillo, sea que la persona que te gusta no te contesta un mensaje y nacen emociones desagradables, sea que tu proyecto está teniendo demoras, siempre es posible encontrar un *twist* para fortalecer nuestro interior. Claro que nos podemos quedar en las emociones miserables, o podemos usar estas emociones como túnel hacia nuestra transformación diaria.

Conectando con la simplicidad de la vida, con la simplicidad de entregarnos al momento presente, podemos sumergirnos en un estado de paz y expansión.

Parece irónico. Quizás se piensa que se necesita un gran evento, un gran viaje al Himalayas, un gran encuentro con un maestro ascendido para obtener revelaciones trascendentales y acercarnos más al amor. Pero la realidad es que esa posibilidad está disponible para vos todo el tiempo, y más aún en las cosas más simples de la vida humana.

La realidad es que podés adquirir sabiduría afrontando una demora en la guardia del hospital con consciencia.

¿Qué 'desafío' cotidiano enfrentaste hoy que te da oportunidad de aplicar tu consciencia?

.................................................................................

.................................................................................

.................................................................................

.................................................................................

*Que tu malestar sea el motor de tu cambio y no tu condena al sufrimiento. No podemos controlar lo que nos pasa, pero sí podemos controlar lo que hacemos con lo que nos pasa.*

**No sos lo que sentís, si no que lo hacés
con eso que sentís.**

El malestar es parte de la vida cotidiana. O por lo menos de la vida cotidiana de la mayoría de los seres humanos hoy. Entre tanto ruido, tanta comparación, tanta desconexión, tanta frustración, nace el malestar. Sea porque algo no salió como querías, o porque sentís que no estás honrando tu vida. Sea cual sea la causa, la clave, para mí, está en alquimizar ese malestar.

Solemos quedarnos en la queja, en la cama, scrolleando por Instagram, como si eso fuera a solucionar algo. Permitimos que esta energía, por más real que sea, se apodere de nuestra vida. Nos quedamos como víctimas: pasándola mal y ahogándonos en nuestra miseria.

Me gusta ver a la energía del malestar, como una inmensa bola poderosa de energía densa, que puede arruinar mi día, mi semana, mi mes, o puedo transformarla para empezar a hacer los cambios que sé que debería hacer.

Como se suele decir, la energía no se genera ni se destruye. ¿Entonces qué podemos hacer con esa energía de malestar? ¿Dejar que nos hunda?¿ O transformarla?

Para alquimizar mi malestar me pregunto: ¿qué está intentando mostrarme? ¿En qué aspectos me estoy abandonando? ¿De qué manera no me estoy escuchando? ¿Cómo puedo amarme un poquito más? Entre otras preguntas para guiarme hacia donde realmente (coherentemente) quiero ir.

El malestar es un guía.

Nos muestra un camino nuevo, nos muestra que podemos fortalecer, que queremos de corazón modificar. Nos muestra qué no nos está haciendo bien, qué deberíamos perseguir, qué camino deberíamos tomar. Cuando aprendamos a tomar el malestar como una fuerza para generar un cambio poderoso vamos a convertirnos en verdaderos alquimistas.

No puedo controlar el sentir emociones que me desagradan, pero sí puedo controlar lo que hago con eso.

¿Cómo puedo rematar mi malestar? ¿Cómo puedo rellenar aquello que siento que me falta? ¿Cómo puedo aliviar eso que me duele?

Cuando me enfoco en lo que puedo controlar genero el cambio que busco. Si me quedo en mi posición de desempoderada la vida me va a atravesar sin filtro.

Enfocate en lo que podés cambiar, en lo que sí está en tus manos, frente a una situación que te pone mal.

Hacé algo por vos hoy. Hacé algo por lo que querés para tu vida, si todavía no estás ahí.

*Cuando cambiás vos, cuando sos coherente con vos, tu realidad se empieza a amoldar de acuerdo a tu mundo interno. No tenés que cambiar nada en el afuera, simplemente volvé a tu interior, escuchate, actuá de manera coherente con vos, y observá cómo tus circunstancias de vida empiezan a respetar esa coherencia.*

"Lo que decimos, lo que hacemos, lo que pensamos, en una sola dirección."

Cuando nos encontramos en situaciones que nos disgustan, solemos señalar con un dedo a las cosas externas que nos generan malestar. Creemos que el culpable está "ahí afuera", y que si modificamos eso lograremos estar en paz.

El problema es que cuando modificamos algo exterior sin haber hecho la modificación interna, tarde o temprano, vamos a volver a generar una misma situación de acuerdo a nuestro mundo interno. Porque tu estado interno determina tu exterior.

Hace un tiempo comencé a ser más coherente conmigo misma. Empecé a escucharme, a actuar en alineación con mis necesidades, deseos.

Sabía que mi trabajo de ese momento no estaba en coherencia con el valor interno que yo creía que tenía.

Una cosa era saberlo, otra cosa era tenerlo como motor de vida. Cuando hice este *switch*, y empecé a actuar de acuerdo a mi valor personal, inmediatamente cayó este trabajo y entró otro más acorde a los valores que yo estaba respetando.

En ese caso, si hubiese abandonado la situación laboral sin antes hacer el cambio de coherencia interna, probablemente hubiese entrado en otra situación similar. Como esta vez logré ajustar mi coherencia interna, logré que se deshaga solo y que entre uno más alineado a mi verdad.

La coherencia entre tus deseos, acciones, valores, determina tu realidad. Si pienso algo, pero hago otra cosa. Si deseo algo, pero decido en contra de eso. Si tengo un valor, pero no lo respeto, mi realidad está recibiendo señales confusas. Por ende, voy a vivir situaciones incoherentes, que seguramente procese como negativas.

Para tener una realidad coherente, necesito ser coherente yo, en mi ser, en mi totalidad. Mi deseo tiene que ser coherente con mi acción. Mis valores también.

Mis decisiones de la vida cotidiana tienen que estar alineadas a mi intención. En el momento que yo empiece a ser coherente conmigo, mi realidad se vuelve más coherente y por ende, más armoniosa.

Muchos años sostuve una vida incoherente. ¿Por qué? Porque creía que era lo que tenía que vivir, pero al final del día, había una sensación de que algo estaba fuera de lugar. ¿Te pasó?

Esa sensación señala alguna incoherencia. Señala que seguís estando donde no corresponde. Sea un círculo social, una pareja, una serie de hábitos, pasatiempos, alimentación. La coherencia abarca todas las áreas de vida. Y, sorprendentemente, una vez que decidís ser coherente en un área de vida, el resto recibirá el mismo impacto como efecto dominó. Y de no ser así, la sensación de estar fuera de lugar se va a hacer cada vez más grande.

En mi caso, la incoherencia abarcaba todas las áreas de mi vida. Una vez que cambié una, pum, el resto de mi vida se desmoronó y se empezo a reconstruir desde la coherencia.

El puente de la incoherencia a la coherencia va a sentirse desolado, vacío, pero es necesario cruzarlo para vivir una vida real.

La coherencia es la base de todo: la base de mi seguridad personal, de mi autoestima, y la base sobre la cual construyo mi vida. Si yo vivo en alineación a lo que quiero para mi vida, estoy en un camino de progreso, tengo la energía disponible para vivir realmente, y logro la libertad. La incoherencia genera problemas innecesarios y totalmente evitables con tal solo ser coherente. En la coherencia claro que van a haber cosas a solucionar igual, pero son problemas que te impulsan al crecimiento real, no son problemas que nacen de la incoherencia. Estos últimos te mantienen en un círculo vicioso de problema-solución, sin realmente avanzar. La base de todo es ser coherente. La base de todo es actuar con lealtad respecto a lo que sabés que está bien y lo que querés para tu vida.

¿Qué incoherencia/s estás sosteniendo hoy en día que te está estancando?

.................................................................................................................

.................................................................................................................

.................................................................................................................

.................................................................................................................

*No te sorprendas si cuando empezás a escucharte y ser coherente con vos, tu realidad se comienza a vaciar. Se vacía de toda la falsedad, de todos esos parches, esas anestesias, que sostenían una realidad poco auténtica.*

**Prefiero un vacío real, antes que un relleno falso.**

La coherencia con uno mismo significa escucharse profundamente, en cada momento. Va más allá de un lenguaje hablado que está en tu cabeza, si no que es un sentir tan perfecto.

Escuchá tu sentir en todo momento (no tus emociones, sino la brújula de tu alma), y en base a eso, accioná en tu vida cotidiana.

Cuando empezás a no solo escucharte, pero también a actuar de manera coherente con esa sabiduría interna, además de con tus valores, deseos, objetivos, vas a notar que mucho de lo que sostenías en tu vida (vínculos, situaciones) estaban basadas plenamente en el miedo. En otras palabras, todas las incoherencias en tu vida se van a disolver.

No te sorprendas si al ser coherente con vos se empiezan a deshilachar situaciones en tu vida. Podés quedarte tranquilo: lo que se deshace porque empezás a ser fiel a vos estaba sostenido por miedo/mentira/poca autenticidad/ superficialidad.

Que no se te confunda con la arrogancia, que puede aparecer cuando le agarramos el gustito al poder personal llevado a un polo extremista y narcisista. Simplemente es estar tan en contacto con tu interior que sabés lo que es mejor para vos, y lo que no.

Es ser tan coherente con uno mismo que sabés qué te hace bien, qué no, qué apasiona tu corazón, qué no. Todas estas cosas que pueden parecer tan obvias pero que solemos tapar a causa de nuestras creencias, miedos, que se apoderan de nuestra vida si no optamos por ser conscientes y coherentes.

También ser coherente con vos se va a sentir solitario, si es que mucho de lo que vivís es poco auténtico a quien sos en verdad. Si sostuviste vínculos por el simple hecho de tener vínculos, si aguantaste situaciones sin ser consciente, si alimentaste hábitos "porque sí", a medida que vayas siendo más coherente con vos, se va a generar un vacío muy necesario que después se llenará con hechos más de acuerdo a vos.

La coherencia entre lo que deseás y lo que hacés va a resultar en una vida coherente con tus deseos y valores. Esto incluye trabajo, vínculos, vida romántica, y mucho más.

*Vivir coherentemente implica tomar buenas decisiones. Las buenas decisiones no son siempre lo que tenemos ganas de hacer; si no que aquello que sabemos que es lo correcto para nosotros. La disciplina es tu aliada para construir una vida que te honre.*

"La disciplina es el puente entre las metas y el éxito." - Jim Rohn

Dejé pasar muchos años de mi vida sin realizar cambios por "no tener ganas". Desafortunadamente la ola de amor propio nos tiró al lado de dejarnos estar, porque como no sentimos motivación para hacer algo, entonces no lo hacemos. "No hay que hacer nada que no sintamos", dice la ola de amor propio. Dejame desafiar eso.

Imaginate esperar a tener motivación para sacar la basura. Sería un basurero la casa. No podemos esperar a tener ganas para hacer algo que sabemos que tenemos que hacer. Nadie nos obliga a nada, claro, pero internamente tenemos un deseo que necesita acompañarse de decisiones para seguir materializandose y para seguir creciendo.

La clave es empujarte a hacer eso que tenes que hacer, a pesar de no tener ganas. A pesar de tener ganas de estar tirada en el sillón viendo pelis o mirando Tik tok. El poder de romper con ese círculo vicioso está en tus manos. Probá un día empujándote a hacer pequeñas cosas que te hacen bien por más que te de fiaca. De a poco, vas a superar esa barrera y de repente el "no tener ganas" no pesa tanto como el deseo de seguir el mejor camino para vos.

Esto lo vas a poder aplicar a tu rutina, a tu trabajo, a tus proyectos, a tu familia, a tus amistades. Se trata de conectar con esa fuerza interna que te va a ayudar a superarte un poquito cada día, vivir de acuerdo a tus objetivos, a tu paz, a tu crecimiento. Al final del día, todos queremos sentirnos bien y realizados, y una gran parte de eso es disciplinarnos a tomar buenas decisiones.

Una buena decisión es una decisión coherente con lo que yo quiero construir a largo plazo. Muchas veces lo que me va a dar paz en el futuro, me incomoda hacer hoy. Ahí está el punto clave. Saber que mi incomodidad de hoy no significa que vaya a tener un resultado negativo, significa que todavía estoy amoldándome al camino que es para mí, saliendo del anterior, y se va a sentir raro.

Veo muchas personas que se quedan en relaciones amorosas que no son coherentes con lo que desean construir, simplemente porque el hecho de irse de ahí es incómodo. Claro que tomar la decisión de irte va a ser incómodo, y muy doloroso probablemente pero, ¿quedarte ahí vale la incomodidad a largo plazo? ¿O mejor atravesar la incomodidad a corto plazo, como resultado de una buena decisión? Honrando tu futuro y el mejor camino para vos.

En este camino recordá tus objetivos, tus deseos, tus ganas de seguir creciendo y estar en paz. A partir de llevar tus intenciones en tu manga, tomá decisiones que se alineen a esa vida, que es la vida para vos. Recordá que va a ser doloroso, incómodo, pero que ese malestar no te haga creer que es la decisión incorrecta.

¿Qué estás pateando hoy que, con un poco de disciplina, te acercaría más a la vida que deseás?

...........................................................................

...........................................................................

...........................................................................

...........................................................................

¿Qué estás pateando hoy que, con un poco de disciplina, te acercaría más a la vida que deseás?

**52**

No sé hacia donde voy, pero sí sé dónde ya no resuena estar.

Lo que sucede cuando tomamos buenas decisiones que nos incomodan es que perdemos cierta batalla. Parte nuestra tiene que resignarse al capricho de lo que no va. ¡Y cuánto cuesta a veces aceptar que lo que no va, no va! Es un delirio y un sufrimiento innecesario querer que funcione lo que no funciona.

Ya te conté mucho de mi historia. Estuve encaprichada, hasta obsesionada, con una forma de vida, con una identidad, con unos deseos, y la realidad es que no van. Me la tuve que dar contra la pared mil veces para darme cuenta. Implicó abandonar una batalla, dar todo eso por perdido para recuperar mi paz y mi camino auténtico, donde todo comenzó a fluir.

Por más que te encapriches, sabé identificar que cosas no van. Qué no está alineado a tu camino verdadero. Cuando aceptás que lo que no va, no va, no importa qué tanto estés aferrado a eso, vas a liberar el camino para que llegue lo que SÍ va.

Creeme que lo que SÍ va te va a llenar el alma a un nivel que todavía ni podés imaginar.

Abandoná la batalla de querer vivir algo que no es congruente con tu alma.

*Gran parte de vivir en la consciencia es vivir en la verdad,
en la honestidad. Se habla mucho de la autenticidad,
y esto tiene que ver plenamente con la verdad.
Vivir siendo leal a tu verdad es amor. Vivir
honrando tu autenticidad es amor. En la verdad
hay armonía. En la verdad hay vida.*

Al principio, el camino del miedo se siente como el paraíso.
Al principio, el camino del amor se siente como el infierno.

Cuando vivís en la inconsciencia, vivís en el miedo. Te rigen tus inseguridades, tu sombra, tus miedos, tu dolor.

Cuando pasás a conocer la consciencia, se te abren los ojos. Empezás a ver claramente lo que está en alineación al amor propio, a la paz, a la bondad. Ya es un desafío accionar en contra de eso. A veces podemos hacerlo, pero el malestar se vuelve cada vez más notorio cuando actuamos en contra de la verdad.

La verdad hace referencia a todo lo que está del lado del amor. La mentira hace referencia a todo lo que está en contra del amor.

Por ejemplo, está en contra de la verdad perseguir a alguien que ya me dejó en claro que no quiere ser parte de mi vida. Estoy yendo en contra de lo que es, estoy forzando, estoy honrando lo que no me honra. Quizás se puede sentir lindo y bien, por un ratito. Pero a largo plazo, el camino del miedo, de la mentira, siempre termina estancándote.

Vivir en la mentira es accionar en contra de tu intuición, en contra de lo que sabés que va, y en pos de tu dolor.

Vivir en la verdad es ver a tu dolor, y sin embargo, no permitir que sea el motor de tu accionar impulsivo.

¿Cuántas veces hiciste cosas sabiendo que no era el camino de la paz, de la armonía, solamente por perseguir alivianar tus miedos e inseguridades? ¿Cuántas veces accedimos a pasar tiempo con personas que muy internamente sabíamos que no eran coherentes con nuestros deseos y camino de vida?

¿Cuántas veces alimentamos hábitos que van en contra de nuestro amor propio?

¿Cuántas veces dijimos que sí para evitar el conflicto con un otro cuando en realidad era un no? ¿Cuántas veces dijimos eso que en realidad no queríamos decir?

Todo eso es vivir en contra de la verdad.

Yo solía hacer cosas que no quería hacer para pertenecer. Iba en contra de mi esencia, de mi verdad, buscando saciar una inseguridad, alivianar algún dolor.

Como ya te conté, esto tenía el efecto contrario. Eso es lo que pasa cuando vivís en la mentira: lo que pensás que estás haciendo bien en realidad te hace dártela contra la pared. Hoy entiendo que mi inseguridad no se saciaba yendo en mi contra: se sanó cuando le di lugar a quien soy en verdad y cuando empecé a actuar a mi favor, sin importar el dolor, las inseguridades, los miedos.

Vivir en la verdad es vivir en amor.

Vivir en coherencia, en aceptación. Vivir en la verdad es vivir sin caer en manos de tus miedos e inseguridades, es verlos para transformarlos.

Vivir en la mentira es vivir en manos de tus miedos e inseguridades; que te mantiene en un estado de vida bajo, adictivo, repetitivo, y destructivo.

No te dejes engañar: el camino de la mentira te va a dar satisfacción a corto plazo. El camino de la verdad te va a dar satisfacción a largo plazo y plenitud real.

En realidad, todos deseamos vivir en amor. Hasta las personas que se encuentran sosteniendo los hábitos más destructivos buscan sentirse bien, y solamente el amor puede ser la fuente de eso. El tema es que, al dejarnos nublar por lo que nos duele, tomamos caminos que creemos que nos van a llevar al amor, pero nos llevan a alimentar al miedo aún más. Porque, sorprendentemente, el camino del amor no se siente tan lindo al principio, como se puede sentir el camino al miedo. Tenemos que estar atentos y conscientes. Entender que el camino al cielo se va a sentir terriblemente incómodo, y el camino al infierno se va a sentir tremendamente placentero.

¿Qué camino del miedo estás eligiendo creyendo que te va a llevar a donde solamente el amor te puede llevar?

*El poder que tanto buscás ya existe dentro tuyo. No es algo que conseguís en el afuera ni que tenés que comprar. Es una energía, un potencial, que está disponible en tu interior. Tu único trabajo es hacer el espacio y dedicación para que se empiece a activar.*

**El poder que tanto esperás tener ya vive en vos. Es cuestión de activarlo.**

Cuando nos sentimos desempoderados, o débiles, o que el mundo es una piedra gigante que siempre está por caer sobre nosotros, nos olvidamos la verdad que *el poder que buscamos ya está dentro nuestro.* Esa energía, ese potencial, reside en cada uno de nosotros. Cuando caemos en las sensaciones que nos quieren convencer de lo contrario, podemos recordarnos que es solo cuestión de contribuir a esa *activación de poder.*

¿Cómo podés empezar a activar tu poder?

Conociéndote, practicando la paciencia, la contemplación de tu realidad sin juzgarla. Todo lo que fuimos hablando contribuye a un sólido poder personal. Esto no significa que no te vayas a desviar más. Si no mantenemos esta higiene probablemente se nos vuelva a manchar con debilidad.

Pero lo copado de esto es que en este preciso momento *algo* podés hacer para comenzar a encender esa llama interna. Sea perdonarte de corazón, sea observando tu situación sin juzgarte, sea practicando la paciencia en vez de reaccionar impulsivamente... O simplemente observando tu respiración en el ahora.

Ya sos una persona poderosa. Ya tenés todo lo que necesitás para hacer crecer la llama de poder personal. Lo que pasa es que muchas veces nos quedamos atrapados en nuestro discurso sobre la vida, en nuestros juicios sobre nosotros mismos y la realidad, en nuestras emociones densas y dejamos que estas definan nuestro camino.

No asumimos la responsabilidad sobre nuestra vida.

Requiere mucha voluntad romper con la debilidad, por más irónico que suene. Y con debilidad me refiero a mantener esa perspectiva de vida en donde creés que todo está en tu contra y que no tenés ningún tipo de influencia sobre tu vida. Irónicamente, una actitud de paz, comprensión, compasión, alimenta el poder personal.

Te invito a elegir algún aspecto de tu vida hoy que te esté debilitando y darlo vuelta para encender tu poder: sea practicando la paciencia, sea practicando el no-juicio para con vos y otros, sea perdonándote. Eso que te cuesta hacer pero sabés que te va a acercar a tu paz: esa es la llave a tu poder personal *hoy*. Como dije, es una práctica diaria mantener vivo tu poder.

*El cambio que querés lograr está en tus manos. Nadie va a correrte con un cuchillo para que evoluciones, para que cambies. Es una decisión propia que surge a partir de asumir la responsabilidad de tu vida. Es asumir el poder de acción que tenés. La acción genera el cambio que buscás.*

**La acción más pequeña pesa más
que la intención más grande.**

Ahora que sabemos todo esto. Que recorrimos varios temas, como cruzando un arroyo saltando de piedra en piedra, toca la parte de reconocer que está en nuestras manos aplicar esto, o volver a nuestra zona de confort que tan mal nos hace sentir.

Va a doler al principio, como cuando sos nene y empezás a crecer: te duelen las piernas. Son dolores de crecimiento. Lo mismo pasa cuando transicionás de una etapa a la otra. Al romper lo establecido en tu cabeza, forma de ser, de sentirte, de posicionarte frente al mundo, y empezar a incorporar nuevas formas, vas a sentir INCOMODIDAD. Espero que no interpretes este malestar como señal de que es el camino equivocado. Acordate: que se sienta mal, no significa que sea un error. Hay que aprender a distinguir entre el malestar que surge como incomodidad de encarar un cambio positivo y el malestar que surge porque algo te hace mal (este nos debería impulsar a buscar un cambio en nosotros).

También vamos a encapricharnos con nuestro malestar. Seguramente busquemos mil y unas razones por las cuales *no* podemos cambiar, no podemos sentirnos bien, no podemos avanzar, no podemos accionar. Pero después de todo esto, espero haberte transmitido la verdad de que sí podés cambiar. Con el corazón abierto, con fe, con la apertura ante la magia de la vida.

Es hacerle frente a ese malestar y decidir verlo, primero, y luego hacer algo al respecto. Entender que es nuestro trabajo propio. Que nada ahí afuera va a solucionar el caos que sentimos por dentro. Aunque sea muy fácil, somos adictos a encontrar problemas, podemos llegar hasta nuestro último día creyendo que nos sentimos mal y que todo está mal por lo que sucede ahí afuera. Pero ya que estás en esas, es momento de poner en tus manos el cambio que querés lograr: internamente, externamente, está todo interrelacionado.

El cambio, la transformación que querés en tu vida, está en tus manos. Decidí hoy que verdaderamente lo querés y empezá a vivirlo. Las herramientas las tenés, las perspectivas las tenés, el poder ya lo tenés. Ahora es el momento de poner en práctica todo lo que sabés para vivir una vida más alineada a tu ser verdadero.

> Solo nosotros, y nadie más, tenemos
> la responsabilidad última de diseñar
> nuestra propia vida

El cambio de perspectiva, la sanación de la ilusión, tiene que venir acompañado de acciones coherentes y conscientes. ¿De qué me sirve tener teoría si a la hora de poner en práctica lo que sé, no lo aplico?

La forma más rápida y eficiente de lograr transformar tu realidad y amoldarla al amor, es a través de la acción y la decisión. No hay otra fórmula.

Si yo quiero resultados distintos tengo que accionar distinto. Y esto va a costar. Porque estuviste accionando de determinada forma todos estos años. Cambiar tu motricidad cotidiana va a ser un desafío y va a implicar disciplina.

Pero sabé que podés.

Podés accionar distinto, podés tomar decisiones conscientes y responsables, podés actuar de manera coherente. Al final del día la única persona que lleva esa responsabilidad sos vos.

- Que tus acciones sean coherentes con los deseos de tu alma.
- Que tus acciones sean derivadas directas del amor que empezaste a conocer.
- Que tus acciones y decisiones sean resultados de la consciencia que está naciendo en vos.

Hacelo por vos.

*Parte del proceso de empoderarte implica aprender a habitar la incomodidad. Cuando habitamos la incomodidad, sin volver corriendo a nuestra zona de confort, transformamos y alquimizamos en vivo y en directo.*

**Si querés alcanzar tus objetivos, tenés que estar preparado para una dosis diaria de incomodidad.**

Cuando queremos cambiar nos vamos a sentir incómodos. Hasta el estilo de vida más miserable se puede sentir cómodo. Como seres humanos tenemos la capacidad de adaptación. De este modo, a lo que te adaptes, lo que hagas muchas veces, te va a resultar cómodo. Es un don esta capacidad de adaptación.

Lo que pasa con la zona de confort, es que una vez que nos adaptamos a ella, salir de ahí es incómodo, se siente extraño, amenazante, por más que mentalmente sepamos que a veces toca dejarla atrás.

Cuando deseamos realizar un cambio tenemos que aprender a habitar el puente entre una etapa y la otra, entre una forma de ser y la otra. Este puente quizás pueda sentirse inestable, sin muchas buenas características y tengas ganas de correr de vuelta a terreno conocido.

Este puente puede sentirse muy solitario, si parte de tu cambio implica transitar distintos ámbitos sociales. Este puente puede darte ganas de volver rápidamente a tu zona de confort. Es importante saber esto porque van a haber momentos en los que quieras volver a tirar la toalla.

Acordate de vos, acordate de tu intención de corazón, acordate de cómo era la vida en la comodidad sin expansión. Recordá que ningún diamante nació de una tierra cómoda, si no que bajo presión.

Recordá que las sensaciones negativas no indican siempre que hay que huir. Muchas veces nos indican nuestros miedos y lo que debemos afrontar para atravesar la transformación.

Es importante en estos momentos, fortalecerse a través de la incomodidad. Esta fuerza te va a guiar en todo momento que sea hora de realizar un cambio, desde ahora hasta tu último día.

Me encuentro seguido teniendo que transicionar de un lugar a otro. Es incómodo el vacío. En esos momentos me tengo que abrazar fuerte, porque caer en lo viejo es tentador.

En esos momentos de limbo ponés en práctica tu lealtad con vos.

¿Qué cambio estás queriendo lograr hoy que te genera mucha incomodidad? Respirá esa incomodidad, sentila, vivila. Solo sintiéndola, la disolvés en poder.

*El miedo es el túnel a tu transformación.*
*Eso que te da miedo es justamente por donde tenes que ir para*
*seguir expandiendo tu ser. Del otro lado del miedo vamos a*
*encontrar una joyita que necesitamos para poder encontrarnos*
*en nuestro camino auténtico. El miedo es suficientemente*
*real para desafiarte a crecer, pero lo suficientemente ilusorio*
*como para no ser una amenaza verdadera en tu evolución.*

"Haz siempre lo que tienes miedo de
hacer." - Ralph Waldo Emerson

El miedo es parte de la vida humana. No hay vueltas. Hay que saber cómo trabajar con él, como todo lo que hacemos en esta etapa de reconstrucción. Últimamente estuve haciéndole frente al miedo. Lo que nos da miedo, que es una emoción que surge a partir de las creencias limitantes, o sea eso que creemos sobre nosotros y sobre la vida que nos limita la experiencia de vida, es justamente lo que necesitamos afrontar para liberarnos y seguir creciendo.

Nada en nuestra vida ES miedo. El miedo empieza y termina dentro nuestro. El modo en que vemos el mundo contiene el miedo, el mundo en sí no ES miedo. Y justamente como el miedo empieza en nuestro ser, generado por nosotros, también podemos transformarlo. Es alquimia.

Muchas veces, lo que hay del otro lado del miedo es algo groso. Por eso resonamos tanto con el tema, hay algo ahí que para nuestra persona es importante. Por esto mismo es clave afrontar el miedo y saber transformarlo.

Por ejemplo, si a mi me da miedo escribir este libro porque siento que lo que tengo para comunicar no es suficiente, tengo que lidiar con mi creencia de que no soy suficiente. Tengo que afrontarla.

Si tuviera que escribir un libro sobre matemáticas, lo haría sin problema (con mucho estudio, claro), pero como no tiene nada que ver con mi misión, mis creencias que tienen que ver con autoaceptación y suficiencia, no se me mueve un pelo.

Ahora, a la hora de escribir mi propio libro con mis aprendizajes, está a flor de piel la creencia "no soy suficiente, lo que tengo para ofrecer nunca va a ser suficiente".

Nace el miedo. Si me quedo del lado cómodo, de no exponer mis escritos, no hay expansión, ¿no? Ahora, si le hago frente a este miedo, abro mi corazón y me tiró al vacío de exponer mi herida cruda, entro en un túnel tremendo de transformación.

Nada me asegura que vaya a salir ilesa. Probablemente duela. Duele porque estás exponiendo una herida que tanto intentaste proteger. Pero es necesario este dolor, chocarse con la piedrita, recibir un par de golpecitos que ardan. Es necesario para transmutar esa creencia, esa herida. Y una vez afrontada, con todo lo que eso conlleva, te liberás. Y lo amenazante deja de ser tan amenazante.

Cuando en el camino aparece algo que te da miedo, si sabés que necesitás lo que hay del otro lado, mandate. Mandate porque cuanto más nos escapemos de eso que nos desafía, más grande se vuelve y más nos ubicamos en una posición de debilidad. Mandate con el corazón abierto y permití que la energía de la divinidad te sostenga y te sane.

¿Qué te da miedo afrontar hoy? ¿Qué posibilidad de vida se encuentra del otro lado del miedo?

........................................................................................................

........................................................................................................

........................................................................................................

........................................................................................................

*A veces transformar tu realidad implica cambiar tu manera de relacionarte con tu vida, más que cambiar los factores externos. Cuando sanas tu relación con tu vida, tu vida se vuelve más dulce.*

"Tu manera de ver la vida es la mejor manera de cuidar de tí mismo. Tu perspectiva te hunde o te levanta. Y la actitud es algo que podemos elegir." - Spencer Johnson

En todo este camino me di cuenta de que hay muchas cosas que no están en mi control, hay muchas cosas de las que puedo decir "me disgusta", no las puedo amar, pero tampoco cambiar. Entonces, ¿qué hago?

Puedo pelearme diariamente con la vida. Puedo seguir alimentando un estado de vida que no me llena. O, puedo elegir abandonar esa pelea.

Abandonar la pelea con las cosas que me disgustan no significa que tenga que rendirme ante ellas y declarar su victoria y mi derrota. Para nada.

Abandonar la pelea con la vida significa que bajo los brazos, me dejo de defender, dejo de imponer mis juicios y opiniones respecto a lo que vivo que claramente no me sirve.

Al bajar los brazos hago espacio, dejo fluir el aire. Al bajar los brazos, entro en un estado de neutralidad ante la vida y en ese estado de neutralidad reside el poder de transformación.

Una mente neutra, libre de juicios, me va a permitir que el amor y la divinidad rijan mi vida nuevamente.

Los pensamientos van a estar, pero yo elijo no subirme a ellos. Elijo no alimentarlos ni creerles. Porque el efecto de creer un pensamiento destructivo respecto a mi vida resulta en odiar mi vida, y no quiero odiar más mi vida.

La mente neutra, balanceada, en eje, me va a permitir encarar toda situación desde la apertura y no desde el odio. En ese espacio, mi realidad se transforma. En la apertura, logro vincularme amorosamente con todo lo que se presente en mi realidad y ahí me doy cuenta que domino yo.

No domino lo que me rodea, domino la manera en que yo me vinculo, y cómo yo me vinculo con mi realidad determina mi realidad.

¿Cómo te vinculás con tu vida hoy? Sin pensar en los hechos en sí, si no que en tu visión: ¿tu perspectiva te hunde o te levanta?

..................................................................................................

..................................................................................................

..................................................................................................

..................................................................................................

*En el camino de la consciencia muchas veces van a aparecer las tentaciones de tu lado más oscuro, de la ilusión— las distracciones de tu camino auténtico. Cuando las enfrentes vas a tener que anclarte en tu esencia para no perderte del todo. Frente a las tentaciones, nos toca decirle que no a la satisfacción inmediata por nuestra plenitud a futuro.*

"El camino de quien se resiste a llegar a su meta fácilmente tomará la forma de laberinto." - Walter Benjamin

Las tentaciones de la ilusión, del lado oscuro, las llamo "boludeces". ¿Por qué? Porque son tentaciones que entretienen tu personaje inseguro y miedoso, te distraen de lo real, del amor, de lo genuino. Son boludeces. Pero sabé que van a aparecer en el camino.

En mi vida las boludeces son bien boludas, pero son personales a mi experiencia. Las boludeces te distraen del camino de la consciencia. Sea la superficialidad, la belleza, la adicción a la validación, el like en Instagram, la atención de tus chongos, la vida nocturna, etc. Todo eso que es distracción del camino, es boludez. Al ego le encanta la boludez (al mío, por lo menos, le encanta). Hoy en día sé meter los deditos del pie en el mar de la boludez sin tirarme de cabeza. Si me tiro de cabeza, seguramente me quede enganchada en esa marea y volver a tierra sea todo un desafío innecesario.

¿Está mal la boludez? Nada está bien o mal.

De hecho, se necesitan ambos polos para vivir en eje, creo yo. Ningún extremo es bueno. En el mundo espiritual suele haber un odio hacia lo más humano y mundano, como las boludeces que te mencioné previamente.

Acá nadie es buddha y está permitido explorar de todo. El punto que quiero dejarte es que tenés que anclarte muy bien a tu eje para no ser un barrilete y perderte por la vida.

Porque si te descuidás es muy fácil perderte en la boludez: pues es lo que sostenía tu identidad anterior, a tu personaje anterior. La boludez tiene el potencial de sacarte de tu eje y volver a la vida en la inconsciencia– si te descuidás, podés volver a la ilusión fácilmente y retroceder mil casilleros en el juego que es la vida.

Hay que estar atentos. Saber hasta dónde bailar con las distracciones sin perderse del todo.

Hay que saber cuándo y hasta dónde.

Eso lo vas a ir explorando vos. Hasta que un día, sanarás el apego a la boludez. Así sucede. Cuando te des cuenta de que no le pertenece a tu versión más centrada, en algún momento te deja de atraer.

No solo porque sos consciente de que no sirve de nada, pero a medida que vas cultivando madurez y amor propio, tus inseguridades dejan de tener esa misma hambre que antes, entonces te es más fácil decir que no a lo inmediato por tu paz a futuro.

¿Qué boludeces estás entreteniendo de más hoy, que te desvían del camino que es para vos?

*No te tomes tus pensamientos tan en serio. Son producto de las creencias que almacena tu subconsciente. Obsérvalos, sin subirte a ellos. Bajo ninguna circunstancia les entregues el látigo que tanto trabajo hiciste para soltar. Tus pensamientos no tienen el poder si no se lo das.*

**Tus pensamientos tienen el poder que les das.**

Nuestros pensamientos son producto directo de las creencias que tenemos sobre la vida, sobre nosotros, sobre la gente, sobre el mundo. Estas creencias están en nuestro subconsciente y súper arraigadas: rigen nuestra existencia.

Tenemos creencias limitantes y creencias potenciadoras, que fuimos adquiriendo en nuestra infancia y en situaciones fuertes de vida. Las potenciadoras nos abren posibilidades de vida y nos ayudan a crecer por un buen camino. Las limitantes nos dificultan el crecimiento y el bienestar.

Cuando lidiamos con pensamientos negativos, estamos viendo el resultado de nuestras creencias limitantes en el día a día. No es nada más que eso. Es nuestra programación mental ejecutando ideas y sacando conclusiones sobre los hechos que vivimos.

Por ejemplo, si tengo una creencia limitante que me dice que "el dinero trae problemas, mejor evitarlo", quizás interprete una situación de dinero con mucha negatividad, rencor, y hasta resista la oportunidad de generar dinero. Tu mente puede tirarte alguna idea que te convenza, como: "este proyecto es demasiado complejo y no es para mí", resultando en alejarte de la posibilidad de ganar más dinero.

Sabiendo que nuestros pensamientos no son la verdad absoluta, podemos reconocer los pensamientos, entender de dónde vienen, y no caer en la misma reacción/respuesta de siempre si es que deseamos un cambio.

Reconozco que tengo este pensamiento por esta creencia limitante, y elijo no darle el peso que le doy siempre, como si fuera la verdad. En cambio, elijo accionar de manera proactiva y positiva hacia mi situación, por más que mi mente me quiera convencer de lo contrario.

Solamente vos pensás lo que pensás. Nos comemos tanto el cuento de que lo que pensamos es verdad, que creemos que TODOS piensan lo que pensamos. Tanto cuando nos criticamos, cuando nos obsesionamos, cuando nos castigamos.

En realidad, solo vos pensas lo que pensás.

Solo vos interpretás como interpretás. Podés estar de acuerdo con un otro al compartir una idea, pero nadie nunca va a pensar igual a vos y eso es un hecho.

Entendé que tu interpretación del mundo es propia y que podés elegir interpretarla de la mejor forma posible, por más delirante que suene esto. No es delirante, seguramente solo choque contra algunas creencias limitantes que estés sosteniendo.

Pero merecés interpretar el mundo de la mejor forma posible para vos.

Animate a crear nuevas creencias, nuevas formas de ver la vida, de pensar, de relacionarte con el mundo.

¿Qué pensamientos intentan sabotear tu progreso hoy? Te desafío a que les quites tu energía y dejes de darles vida.

..................................................................................................................

..................................................................................................................

..................................................................................................................

..................................................................................................................

# 61

*Nada realmente importa, y todo importa.*

"Cuando sabés que nada importa, el universo te pertenece." - Rick Sanchez de Rick and Morty

Al final del día, nada es lo que parece. Nuestra realidad es una proyección de nuestra mente. Nuestra mente está compuesta de creencias. Esas creencias rigen la realidad que vivimos.

Nada es tan importante como pensamos, y todo importa a la vez. Importa que te quieras, importa que honres tu vida, importa que le saques jugo a esta experiencia humana. Nada importa porque eso que creés que es determinante y definitivo en tu vida es así porque vos lo ves así y es plenamente tu película mental.

¿De qué nos sirve esto?

Entender que a lo que le damos tanto peso sobre nosotros en realidad es efímero, se disuelve en el tiempo si vos no le seguís dando ese peso. Entender que tu película es tu película y cómo vos la vivas determina toda tu realidad y calidad de vida.

No existe una verdad absoluta de cómo son las cosas, cada quien mira el mundo a través de sus anteojos llenos de juicios, creencias, traumas, miedos.

Por esta verdad podés ocuparte de vivir la mejor vida posible. Dejar las cosas ir que no te suman. Incluyendo pensamientos, situaciones, personas, sin dar muchas vueltas.

Cuidarte. Pensar con optimismo. Perdonarte. Empoderarte. Vivir la peli que VOS querés vivir.

*Lo que vos creés sobre vos es lo que creás de vos en el mundo. El concepto que tenés de vos misma es lo que le da forma a tu vida y a tu persona. En el momento que quieras podés recrear a esta persona para acercarla cada vez más a tu ser verdadero.*

"El hábito que siempre deberías desarrollar es la capacidad de confiar en vos" - Lewis Howes

Vos determinás la mayor parte de tu vida. Cómo te tratás, cómo te ves, cómo elegís vivir, con quién elegís relacionarte, lo mucho o poco que confiás en vos: todo eso define quien sos y, podés en el momento que quieras, crear la versión que quieras de vos.

Cómo vos elegís vivir en el día a día es la película que vas a vivir. En la inconsciencia vivimos la peli "predestinada", la peli condenada por nuestros miedos e inseguridades. Hoy, a pesar de los miedos e inseguridades, podemos elegir vivir una peli que nos empodere. No hay diferencia, solamente es elegir lo que hacemos con lo que nos toca. La única diferencia es que vamos a tener que ponerle un poco más de trabajo, pero por resultados mucho más expansivos.

Creeme, lo vale.

Te conviene confiar en tu capacidad de vivir la mejor vida que hay para vos. Te conviene crear una re vida por vos. Teniendo en cuenta tu historia, lo que te formó, lo que te lastimó, y sacando de ahí la fuerza para crear la persona que estás destinada a ser. Esa persona no la va a crear nadie. Solamente la vas a crear vos.

Conectá con tu amor interno, con tu paz, y decidí creer lo mejor de lo mejor para vos. Confiate que no hay otra forma de vivir ya. Todos los días despertate con el objetivo de confiar en tu potencial y vivir en honor a él.

Desarollá un concepto fantástico de vos, decí cosas magníficas sobre vos, tomá decisiones respetables, y cuidate mucho.

Cómo vos creés que sos es como el mundo te va a recibir.

Si querés vivir en armonía con tu realidad, empezá por vivir en armonía con vos. Si querés vivir una vida extraordinaria, desafiate a ser una persona extraordinaria.

Tomate unos minutos para escribir un mapa de tu vida de acá en adelante: qué tipo de vida querés, qué querés hacer de ella, hacia dónde querés ir, qué querés concretar, qué cualidades vas a desarrollar, y tirate unos cuantos cumplidos si podés.

*Creete mil. Hacé de tu mundo un paraíso. Conectá con las posibilidades infinitas de tu vida. Despertate todos los días con la intención de vivir con el corazón abierto. Amate. Amá tu vida.*

Después de haber recorrido todas estas temáticas, abrite al mundo.

Abrí tu corazón a esta experiencia que te tocó vivir. Agarrá el barro y transformalo en tu joyita. Experimentá tus procesos a flor de piel. Abrite a quien sos en verdad, a tus necesidades, deseos.

Viví en coherencia con vos. Explorá tu creatividad. Encará tus objetivos. Perdonate, perdoná.

Día por día. Paso a paso. No importa donde te encuentres en este momento de tu camino, podés bajar los brazos, dejar de luchar, y dejar que la energía de la inteligencia divina te guíe. Dejate penetrar por el amor incondicional. Con compasión y consciencia, poco a poco, andá realizando los cambios que querés en tu vida. Tomando pequeñas acciones conscientes hacia donde querés ir, sin saber del todo cómo vas a llegar ahí, pero vas a llegar.

No te olvides de habitar el presente: el presente es el destino.

No es una carrera, es una profundización en la verdad. Desafiate. Desafiá tu zona de confort. Abrite al dolor; en el dolor está tu transformación.

Honrá tu historia, tu semilla auténtica para ofrecer a este mundo. Mirá tus heridas con amor. Reconocé tu originalidad. Tomá la responsabilidad de tu vida y convertite en tu alquimista. Empezá a tomar cada día como la oportunidad de conocerte, expandirte, perdonarte, sanar, y seguir creciendo en el amor.

Entregate y depositá tu vida en manos de la divinidad. Dejate sostener por el amor.

Abrite a la vida que merecés vivir.

*Todo esto está sostenido por una inteligencia divina que rige
desde tu corazón que late hasta los glaciares de la Antártida.
Somos una manifestación sagrada de la divinidad. Entregale
a esta energía tu vida entera y volvé al hogar en tu corazón.*

## Tu vida es una manifestación sagrada de la divinidad.

Tu existencia entera está sostenida por la inteligencia divina. Eso que rige todo lo que es. Es tan perfecta que tu mente nunca va a comprenderlo, ni te gastes. Más bien, sentilo. La mayor parte del tiempo nos olvidamos de esta verdad. Es muy real la vida humana que percibimos a través de nuestros cinco sentidos. Pero nunca, nunca, debemos olvidar lo que percibimos a través del corazón: es nuestro sentido que nos conecta directamente con la divinidad.

Cuando la vida se vuelva demasiado, entregásela a la inteligencia superior, al Creador, a la divinidad, y volvé a tu hogar: la paz infinita que habita dentro tuyo.
Esa es tu esencia.
No te olvides de quien sos.
Cuando tu mente te lleve por lugares oscuros, volvé a la visión de tu corazón.
Cuando pierdas la fe, volvé a la esperanza de tu corazón.

Cuando sientas inseguridad, volvé a la confianza de tu corazón.

Cuando sientas culpa, volvé al perdón de tu corazón.

Cuando sientas ansiedad, volvé a la presencia de tu corazón.

Cuando te sientas pequeño, volvé a la grandeza de tu corazón.

Cuando te sientas perdido, volvé al rumbo de tu corazón.

Cuando sientas odio, volvé al amor de tu corazón.

Tu corazón es el portal al todo. Conectate diariamente, cultivá tu relación con la divinidad, practicá la fe alineada a la acción.

Recordá siempre quien sos en verdad.

Tu vida es una manifestación sagrada de la divinidad y es momento de empezar a vivir de acuerdo a esa verdad.

# Agradecimientos

Gracias mamá y papá, por darme este camino de vida.

Gracias a la vida y a la divinidad que me guía y me sostiene día a día. Gracias por revelarme que, incluso en los momentos más oscuros, el amor siempre triunfa. Este libro es mi tributo a ese viaje de transformación, y está dedicado a todos aquellos que buscan renacer desde sus propias cenizas.

Esperamos que este libro
haya sido de su agrado.
Para información o comentarios,
contáctenos en la dirección
que aparece debajo.

Muchas gracias.

www.hojasdelsur.com